Le Carrousel pourpre

Données de catalogage avant publication (Canada)

Durand, Frédérick, 1973-

Le Carrousel pourpre
(Collection Atout ; 54. Fantastique)
Pour les jeunes de 12 ans et plus.

ISBN 2-89428-472-1

I. Titre. II. Collection : Atout ; 54. III. Collection : Atout. Fantastique.

PS8557.U732C37 2001 jC843'.54 C2001-940087-X
PS9557.U732C37 2001
PZ23.D87Ca 2001

Les Éditions Hurtubise HMH bénéficient du soutien financier des institutions suivantes pour leurs activités d'édition :

- Conseil des Arts du Canada ;
- Gouvernement du Canada par l'entremise du Programme d'aide au développement de l'industrie de l'édition (PADIÉ) ;
- Société de développement des entreprises culturelles au Québec (SODEC).
- Programme de crédit d'impôt pour l'édition de livres du gouvernement du Québec.

Conception graphique : **Nicole Morisset**
Illustration de la couverture : **Stéphane Poulin**
Mise en page : **Lucie Coulombe**

Éditions Hurtubise HMH ltée
Téléphone : (514) 523-1523 • Télécopieur : (514) 523-9969
www.hurtubisehmh.com

Distribution en France
Librairie du Québec/DEQ
Téléphone : 01 43 54 49 02 • Télécopieur : 01 43 54 39 15
Courriel : liquebec@noos.fr

Dépôt légal/1er trimestre 2001
Bibliothèque nationale du Canada
Bibliothèque nationale du Québec

Imprimé au Canada

Frédérick Durand

Le Carrousel pourpre

Collection ATOUT

Frédérick Durand se passionne pour l'imaginaire : ancien directeur littéraire de la revue *imagine*..., il anime une émission de radio, consacrée à la promotion du cinéma, de la littérature et de la musique « différentes » : onirisme, fantastique, surréalisme... Toujours à l'enseigne de l'étrange, il n'est pas étonnant que Frédérick compose et joue du jazz, de la musique psychédélique et progressive ! L'auteur a aussi écrit des nouvelles pour les adultes : il a remporté le Prix Solaris 1998 pour « Nocturne ». Frédérick a été finaliste du Grand Prix du fantastique et de la science-fiction québécois, en 1998, pour son roman jeunesse *Le voyage insolite* (Pierre Tisseyre). Le *Carrousel pourpre* est son troisième roman fantastique pour les jeunes.

Remerciements

Merci à Carole Perrault, qui a lu et commenté le manuscrit ; merci à ceux qui m'ont soutenu : Pierre Chatillon, Michel Lemoine, Pascal Françaix, Pierre Héroux, Martin Bellefeuille, Michel Pagel, Anne Duguël, Christophe Bier, Mario Mercier, mes parents et ma sœur Ève-Marie, Édith Madore, Alain Venisse, Jean-François Bourassa, René Clément, Pierre-Alexandre Buisson et Malika.

À mes parents

« Si vous demandez à quelqu'un s'il croit aux revenants, quatre-vingt-dix-neuf fois sur cent il vous répondra : Non. Ce qui n'empêche pas qu'il se passe, ou tout au moins qu'il se raconte des choses bien inexplicables. »

Louis Fréchette,
Le revenant de Gentilly (1892)

1

LE FANTÔME D'UN DÉJEUNER

Marie ouvrit les yeux et regarda aussitôt autour d'elle. La jeune fille aperçut un cimetière obscur, en pleine nuit. Elle se leva sans précipitation, s'appuya contre le tronc d'un gros arbre. Elle tenta vainement de se concentrer. Elle sentait un immense trou dans sa tête, un vide profond dans sa mémoire. L'esprit troublé, elle s'efforçait de comprendre la raison de sa présence en ce lieu inconnu.

La jeune fille se souvenait de certains détails. De son nom, Marie Castel ; de son âge, seize ans ; de son apparence physique, taille assez haute, longs cheveux blonds, yeux gris-bleu. Elle se rappelait de notions d'ordre général : les couleurs, les mots...

Toutefois, elle ne réussissait pas à pousser plus loin ses investigations.

Quelle école avait-elle fréquentée ? Étudiait-elle ? Où habitait-elle ? Ses parents vivaient-ils encore ?

Impossible de répondre à ces questions. Une petite voix dans sa tête scandait : « Amnésie, amnésie, amnésie »...

Marie fouilla dans la poche intérieure de sa veste grise. Rien. Aucune pièce d'identité, aucun portefeuille. Fallait-il demander du secours à un policier ? Au gardien de ce cimetière ? On finirait bien par retrouver son adresse.

La jeune fille ne bougea pas. Elle n'éprouvait aucun désir de quitter ce cimetière. Malgré son épuisement, elle s'y sentait à l'aise, heureuse, comblée, comme si elle venait de retrouver des amis perdus depuis très longtemps. Elle devait rester ici, maintenant. Ne plus renouer avec le monde d'où elle provenait et dont elle avait perdu toute trace.

Marie marcha au hasard, dans une allée. Elle parvint devant une petite demeure dont la porte ouverte invitait à l'exploration. La voyageuse y entra sans attendre. Elle découvrit une cuisine bien meublée et, plus loin, une chambre accueillante. Sans plus de formalités, elle s'allongea sur le lit de sa nouvelle maison. Cette habitation aurait pu être celle du gardien, mais Marie n'envisagea même pas cette hypothèse. Elle était certaine de ne pas se tromper. Bientôt, elle sentit la fatigue la gagner. Sans se questionner davantage, elle céda au sommeil et s'endormit.

Quand la dormeuse s'éveilla, la nuit régnait toujours. La lueur de la lune entrait par la petite fenêtre de sa chambre.

L'amnésie persistait, mais Marie comprenait cette fois l'inutilité de vouloir en percer le secret. La jeune fille quitta la maison. Elle regardait les inscriptions sur les pierres tombales. Elle s'attendait presque à y voir un message adressé à son intention par quelque énigmatique correspondant. Les noms et les phrases défilaient, semblables les uns aux autres. La jeune fille arriva au bout du chemin. Elle venait d'atteindre la sortie du cimetière. Les grilles, ouvertes, semblaient la convier à quitter cet univers crépusculaire.

Marie ne saisit pas l'occasion, préférant attendre encore un peu. Elle rebroussa chemin, regagna la petite demeure, se rendormit.

La caresse des rayons du soleil sur son visage et l'odeur de pain grillé tirèrent la jeune fille de ses rêves. Elle se leva, marcha jusqu'à la cuisine. Y trouverait-elle un homme corpulent, vêtu de blanc, coiffé d'une toque, capable d'expliquer tous les mystères ? Non. Une assiette, des ustensiles, un verre. Aucun message.

Sans réfléchir, la jeune fille déjeuna. Elle sortit à nouveau, cette fois dans le cimetière éclairé par une douce lumière. Elle croisa quelques promeneurs. Ceux-ci ne lui prêtèrent aucune attention, manifestant une totale indifférence. Marie poursuivit sa promenade. Elle croisa un second groupe : même réaction. La jeune fille éprouva l'impression d'avoir revêtu un costume capable de la rendre invisible.

Elle se plaça enfin à côté d'une dame âgée, pour vérifier son hypothèse. Elle demanda, d'une voix haute et claire :

— Pardonnez-moi de vous déranger, madame. Pourriez-vous m'indiquer la sortie ?

La vieille femme poursuivit son chemin sans lui répondre ou la regarder.

Ainsi, Marie ne se trompait pas : elle était devenue invisible aux yeux des visiteurs du cimetière. Comment expliquer ce phénomène ? Comment comprendre son amnésie ?

Elle réfléchit, et une première explication s'imposa : elle était morte. Marie ne songea même pas à s'arrêter sur la nature fantastique de ce raisonnement. Il répondait à de nombreuses questions. Le cimetière n'est-il pas la demeure des morts ? Elle y habitait désormais, en toute logique. Les vivants ne voient pas les morts, en général. L'autre vie se présentait donc sous ces apparences, lui empêchant de communiquer avec les vivants et de venir les troubler... Une petite maison confortable, un repas servi régulièrement, et l'oubli de sa vie antérieure constitueraient, selon la jeune fille, les éléments principaux de sa nouvelle vie.

Pour l'instant, Marie s'accommodait de sa situation, mais elle craignait de s'en lasser à la longue. Seule, sans amis, sans occupations, dans cet endroit singulier... Ne finirait-elle pas par s'ennuyer ?

Elle quitterait le cimetière, alors. Elle se sentait bien, ici, envahie par une sorte de bonheur tranquille, mais elle voulait découvrir le monde, de l'autre côté de ces murs. Si elle n'appréciait pas son expérience, elle reviendrait sur ses pas et regagnerait sa petite maison.

En marchant vers la grille d'entrée, la jeune fille réfléchissait. Peut-être ne devrait-elle pas quitter ces lieux ? Et si, une fois la sortie franchie, elle se retrouvait en enfer ? Si une seconde amnésie gommait le souvenir de cette demeure accueillante ? Marie serait-elle condamnée à l'errance dans un monde hostile ?

Qu'importe, malgré les risques, il fallait percer le mystère !

Marie franchit la frontière. Elle atteignit bientôt une rue animée. Sur le trottoir encombré, nul ne lui prêtait attention. La jeune fille se plaça en plein sur la trajectoire d'un homme d'affaires pressé. Elle s'y attendait un peu, mais ressentit néanmoins un certain étonnement quand l'inconnu lui passa à travers le corps, comme s'il avait traversé une simple nappe de brouillard. La jeune fille était-elle donc immatérielle ?

Non, puisqu'elle s'était appuyée contre un arbre, un peu plus tôt. Et puis, elle sentait le contact du sol, sous ses pieds. Force lui était de conclure à son immatérialité par rapport aux humains seulement.

Par prudence, elle réitéra l'opération, et le même résultat se produisit. La jeune fille s'amusa un instant de ce don singulier. Elle pouvait, si elle le désirait, devenir la plus célèbre criminelle de tous les temps, capable d'échapper à tous les poursuivants. Elle pourrait aller lancer des boulettes de papier sur le crâne dégarni du premier ministre, au beau milieu d'une réunion politique, s'introduire dans toutes les maisons pour observer la vie intime des résidants et leur jouer des tours pendables...

Songeuse, Marie se rendit chez un disquaire important. Elle vit, en entrant, le dispositif de sécurité installé près de la sortie : quiconque oserait voler une cassette ou un disque déclencherait un signal d'alarme en passant entre deux barrières électriques. La jeune fille s'interrogea. Que verrait-on, si elle fuyait avec un objet ? Une cassette en train de flotter vers la sortie ? Un disque, planant dans les airs ?

Elle s'empara du premier objet à sa portée et marcha tranquillement vers la sortie. Elle le brandit à quelques centimètres du visage du caissier : celui-ci n'eut pas de réaction. Marie franchit les portes du magasin sans entendre aucune alarme.

Elle était à la fois déçue et ravie. Si elle comprenait bien, chaque objet dont elle s'emparait devenait aussitôt invisible, démagnétisé à son contact.

Marie s'arrêta devant une vitrine. Le verre lui renvoyait fidèlement son reflet. Alors, elle n'était pas invisible ?

Comment expliquer que personne ne la voie, dans ce cas ?

C'était une énigme supplémentaire à laquelle méditait la jeune fille. En retournant sur ses pas pour regagner le cimetière, une phrase lui vint à l'esprit : « Je brille du rayonnement glacé de la mort. » Un titre mélodramatique pour sa future autobiographie ?

« Oui », songea-t-elle, « je brille du rayonnement glacé de la mort... Il m'entoure d'un halo protecteur, d'un parapluie contre le réel. Il me soustrait à la réalité, et entraîne dans cette sphère d'influence les objets dont je m'empare. Malheureusement, mon pouvoir se borne aux objets, et je ne peux pas poser mes doigts sur des êtres vivants. Je ne pourrai jamais convier un ami à partager ma solitude. Je n'étreindrai jamais un garçon amoureux de moi. Sauf si je rencontre un autre défunt, plongé dans un état identique au mien. »

À ce sujet, Marie s'étonnait de l'absence de tout voisin, près de sa maison. Après tout, si elle était bel et bien morte, de nombreux fantômes, comme elle, devaient habiter cet endroit. Elle parcourut les allées pendant près d'une heure, explorant tous les recoins du cimetière. En vain.

Perplexe, la jeune fille regagna sa maison. Sur la table de la cuisine, un petit cahier noir l'attendait. Sur la page couverture, ces mots se détachaient, en lettres blanches : *Le cahier des mystères*.

Marie s'installa dans un fauteuil confortable, près du mur. Les réponses à de nombreuses questions se trouveraient dans cet écrit, elle en était certaine. Elle ouvrit le carnet. Dès la première page, une écriture énergique se détachait.

Ma chère Marie,

Je ne sais guère par où commencer mes explications, aussi m'excuseras-tu de leur désordre involontaire.

Avant de dévoiler mon identité, je dois te communiquer des informations d'ordre général. Tu ne te souviens pas de ta vie antérieure. C'est tout à fait normal, car tu as vécu une existence diffuse, jusqu'à maintenant. Tu souffrais de déficience intellectuelle. Du moins était-ce le diagnostic des médecins. Ton esprit se reposait, voilà tout. Nous l'avons tiré de son sommeil.

Tu as toujours manifesté une certaine affection envers les objets, les animaux. Tu semblais préférer ton chat, ton oreiller, tes crayons, à ta mère ou ton père. Les médecins concluaient à un transfert affectif, mais ils se trompaient. En vérité, tu discernais notre aura. Tu conversais en secret avec nous.

Et nous étions plus proches de ta sphère de conscience que tes parents.

Laisse-moi maintenant te raconter comment tu es arrivée ici.

Les objets possèdent une âme, comme les animaux. Après la mort, nous survivons. Qu'advient-il des humains ? À vrai dire, je l'ignore. Peut-être le néant les attend-il au terme de leur vie. Ce serait là l'ironie suprême pour cette race imbue de sa supposée supériorité.

Moi qui écris ces lignes, je suis le fantôme de Florence, ta poupée favorite. Beaucoup de tes semblables jugeraient évidemment cette idée aberrante. Le fantôme d'une poupée ! Y pensez-vous ? Quelle folie ! Pourtant, c'est la vérité. Je ne vois pas pourquoi, en raison de ma nature différente des humains, j'aurais moins droit à la vie éternelle qu'un des nombreux assassins dont ta race regorge. Après tout, je n'ai jamais offensé personne.

Ce livre que tu lis, c'est le fantôme d'un cahier jamais utilisé, perdu en pleine forêt par un explorateur, au cours d'une excursion. La pluie l'a détruit, les animaux en ont dévoré les restes. Tu crois tenir un objet solide entre tes mains, mais il s'agit de sa matérialisation fantomatique. Tu réussis à le toucher, car nous t'avons soustraite aux lois physiques du monde courant.

Toutes ces révélations risquent de te paraître inconcevables. Par conséquent, nous t'avons laissée mener quelques expériences. Tu l'as constaté, les humains ne réagissent plus à ta présence. C'est comme si tu vivais dans une autre dimension : tu les vois, mais ils ne t'aperçoivent pas. Tu peux encore toucher les animaux ou les objets, mais plus les humains. En revanche, tu peux me voir...

Tu te souviens de moi, je l'espère. Tu as chéri ta poupée depuis ta naissance. Un jour, ta mère en a eu assez de voir traîner cet objet disloqué, maintes fois recousu, fatigué par ses seize années de bons et loyaux services.

Elle m'a envoyée au dépotoir sans plus de façons, en me remplaçant par une compagne toute neuve. Toi, tu n'en voulais pas, tu pleurais la mort certaine de ton amie de toujours, de ta seule confidente. Tu ignorais qu'après le trépas nous poursuivions une nouvelle vie, plus heureuse, une fois révolues les servitudes de notre existence antérieure.

Abandonnée, ma petite âme a quitté son corps matériel. J'ai rencontré le cahier. Il errait, sans trop savoir comment s'habituer à sa nouvelle situation. Nous nous sommes parlé, nous avons quitté cet endroit, erré au hasard dans la ville. Le cimetière nous attira. Nous y avons rencontré nos semblables. Malgré leur sympathie manifeste, ils formaient des groupes séparés et ne désiraient pas nouer des liens de profonde amitié avec nous.

Je m'ennuyais de toi. J'ai proposé aux autres fantômes de te conduire ici, en utilisant mes nouveaux pouvoirs. Ils ont accepté. Je me suis concentrée, pour éveiller ton esprit éteint.

Tu as quitté ta maison, la nuit dernière, plongée dans une sorte de rêve. Tu as suivi mon appel jusqu'ici, dans cette demeure spectrale, ta nouvelle résidence. Oui, Marie, tu habites une maison-fantôme, une maison qui n'existe pas.

J'ai voulu te laisser le temps de t'habituer à ton nouvel état. Je ne voulais pas te causer un grand choc, c'est pourquoi je t'ai laissé ce cahier, pour que tu puisses lire, relire, apprendre à ton rythme.

Tu te demandes peut-être comment tu sais lire, puisque personne ne te l'a jamais appris. Au cours de ma transe pour te conduire ici, je t'ai aussi inculqué plusieurs notions à une grande vitesse : géographie, mathématiques, français... C'est très facile pour moi.

À présent, tu désires sûrement m'interroger. Je t'observe, au moment où tu lis ces lignes. Quand tu te sentiras prête à me voir, quand tu auras accepté ton sort, referme le livre et pose-le sur la table. Ce sera le signal de ma venue. Si tu ne veux pas me voir tout de suite, laisse le volume ouvert. J'attendrai. Prends ton temps, je ne suis pressée en rien. Nous avons l'éternité pour nous.

Étonnée, Marie demeura immobile pendant plusieurs secondes. Elle feuilleta le reste du cahier, mais les autres pages étaient blanches. Cette nouvelle réalité la surprenait un peu, mais comme elle avait toujours vécu en marge de la vie, elle l'accepta sans trop se troubler. Et ferma le livre.

Tout de suite, Florence entra, marcha jusqu'à elle. C'était une poupée de petite taille, au visage très blanc, un peu usé par les années, encadré d'une abondante chevelure noire. Elle était vêtue d'une longue robe rouge, et ses grands yeux noirs fixaient Marie avec beaucoup de sérieux. Cette dernière bondit vers son amie, la serra contre elle. L'émotion envahit la jeune fille. Des souvenirs brefs lui revinrent à la mémoire. Elle se revoyait, toute petite, étreignant sa silencieuse amie dans l'obscurité de sa chambre.

— Marie, murmura Florence. Je rêve de te parler depuis si longtemps ! Mais le sort réservé aux objets est cruel, car nous sommes voués à l'immobilité et au silence pendant notre première existence.

La jeune fille ne répondit pas.

— Tu seras heureuse avec nous. Enfin libérée de cette vie végétative où tu t'enlisais plus profondément chaque jour. Tes parents s'inquiéteront, mais nous ne pouvons rien pour eux. Il n'y avait pas d'autre solution. Nous ne pouvons attirer vers nous que des esprits simples et purs, capables de discerner la magie cachée dans la vie quotidienne. Tes parents ne pourraient jamais comprendre. Nous ne réussirions pas à les faire venir ici, même avec l'aide des volontés les plus puissantes. Nous serons heureuses ensemble, tu verras. Il y a tant d'aventures à vivre, ici.

Marie remercia son amie.

— Les objets s'entendent-ils entre eux ? demanda-t-elle. Comment s'organisent-ils ? Qui m'a cuisiné les œufs brouillés, ce matin ?

Florence éclata de rire.

— Ce matin, tu as mangé le fantôme d'un déjeuner. Songe au nombre immense de repas spectraux créés, depuis le début des temps. Certains d'entre eux sont très vieux... Ce sont cependant des âmes frustes, rêvant à l'anéantissement. Leur existence d'outre-tombe les peine, et elles souhaitent atteindre le repos éternel, le néant réparateur. Chacun de tes repas rendra des esprits à l'oubli réconfortant.

— Quoi ? s'étonna Marie, chaque fois qu'un humain prend un repas, il le transforme en fantôme ?

— C'est exact, confirma Florence. Tu dois comprendre deux réalités. Les fantômes sont des âmes errantes, ayant quitté leur corps matériel. Les objets deviennent fantômes quand ils ne servent plus à rien : si on s'en débarrasse et qu'ils traînent, inutiles, dans un dépotoir, par exemple... Ou si on les perd dans un endroit inaccessible... S'ils sont détruits...

— Et certains objets possèdent des âmes plus complexes que d'autres ?

— Comme les humains... C'était ton cas, quand ton esprit sommeillait.

Déguster le fantôme d'un déjeuner, c'est lui rendre un grand service, car il est, par sa nature même, voué au néant. Ces spectres alimentaires souffrent et ne connaissent le bonheur qu'une fois leur âme dévorée... C'est comme s'ils mouraient deux fois : leur première mort les change en spectre, leur deuxième mort leur donne la paix.

De plus en plus curieuse, Marie enchaîna :

— Et toi, Florence, comment peux-tu parler ? Comment as-tu appris notre langue ?

— En vous écoutant... C'est facile, non ? Quand ta mère aidait ta sœur Yseult à réviser ses leçons, le soir, je me suis trouvée à maintes reprises près d'elle. De plus, nous, les objets, possédons une capacité d'apprentissage rapide. Certains, comme le cahier, semblent disposer de connaissances innées. Par ailleurs, tous les objets ne sont pas doués de parole. Ainsi, le cahier ne parle pas, il s'exprime par écrit.

Marie se tut, s'efforçant de se familiariser avec toutes ces nouvelles connaissances.

Le cahier se déplaça en souplesse, se posa sur la table, devant Marie. Sur la page couverture, un nouveau titre annonçait : *Lis-moi, ma nouvelle amie*. La jeune fille ouvrit le carnet à la première page.

Pour protéger notre cimetière bien-aimé, nous devons connaître nos devoirs. Tous les habitants accomplissent quotidiennement certaines tâches. Voici les tiennes, Marie : Compter les os des squelettes de la famille Cypriani. Cela les rassure, semble-t-il. Si tu les oubliais, les squelettes sortiraient hors de la terre, se mettraient à tout démolir, s'en prendraient à d'invisibles ennemis, détruiraient tout sur leur passage. Quand les squelettes s'inquiètent, ils se déchaînent. Les objets fantomatiques en ont fait la triste expérience l'année dernière. L'un de mes semblables m'a enseigné cette histoire, lors de mon arrivée ici, au moment où il me transmettait la liste de mes tâches. Nous avons dû demander leur autorisation aux habitants de ce lieu, avant de t'emmener ici parmi nous. Ils ont accepté, mais ont exigé que tu accomplisses certaines tâches...

— Pardonne-moi de t'interrompre, Enrich, demanda Marie, mais peux-tu

— Mais, demanda-t-elle, pourquoi ne m'as-tu pas inculqué ces notions comme allant de soi, pendant la nuit où je me suis rendue ici ?

— Par respect pour ta nature distincte de la mienne. J'accepte tes différences. Je t'ai connue humaine, je voulais te retrouver telle.

— Combien d'objets habitent ce cimetière ? demanda Marie.

— Nous sommes nombreux, mais nous formons tous de petits groupes. Dans mon cas, je me contente de l'amitié du cahier, un copain discret, silencieux... Il me parle par écrit, en modifiant l'encre dont il est recouvert pour former des mots. Tu as d'ailleurs vu son écriture, en lisant mon message. Il l'a écrit sous ma dictée. Certains autres groupes d'objets-fantômes ont conduit des humains près d'eux, comme j'ai fait avec toi.

— Je n'en ai pourtant vu aucun.

— Tu ne les verras jamais. Il en est ainsi, nous ignorons pourquoi, mais les humains conduits dans le royaume des objets-fantômes ne peuvent se voir entre eux. À présent, repose-toi. Tu as dû apprendre beaucoup de nouveaux savoirs. Je souhaite laisser le temps à ton esprit de s'habituer et d'accepter ces mystères. Je reviendrai demain.

Florence s'éloigna, laissant son amie seule et pensive. Marie s'étendit sur le lit. Ses pensées dérivaient. Bientôt, une fatigue certaine l'envahit et elle s'endormit.

2

SQUELETTES VENGEURS ET POUVOIRS PARANORMAUX

La jeune fille se réveilla le lendemain à l'aube.

Elle sortit, respira profondément l'air frais du cimetière. Elle se promena dans les allées, ressassant les révélations de son amie Florence. La poupée surgirait-elle bientôt d'un buisson, accompagnée des êtres les plus inusités ?

Marie croyait vivre un rêve féerique... Elle craignait de s'éveiller de ce songe. Des images l'assaillaient, surgies de son passé. Elle revoyait des livres de contes, des personnages magiques... Cette histoire d'objets animés lui paraissait trop pure, trop simple, trop merveilleuse... Le rêve allait-il se transformer en cauchemar ?

Marie s'efforça de ne pas accorder trop d'importance à ces sombres pensées.

Pourtant, elle ne parvint à se persuader du caractère durable de son bonheur. Même dans une autre dimension, le danger devait exister.

Elle regagna la maison. Florence l'y attendait, assise sur son lit.

— Tu t'es bien reposée ? demanda-t-elle.

— Oui. Tu es seule ?

— Seule avec mon unique ami, le cahier. Les autres objets sont farouches, en général. Tu les verras seulement s'ils veulent bien s'offrir à ta vue. Ton don de vision ne te permet de les voir qu'avec leur consentement... Comme ce repas spectral, placé pour toi sur la table.

— Où te les procures-tu ?

— Je n'ai aucun effort à fournir. Ils aspirent tellement à la disparition qu'il suffit d'y penser pour voir l'un d'eux apparaître à l'instant.

Marie s'approcha du dîner. Ce repas transparent, posé dans une assiette tout aussi transparente, formait un curieux spectacle. Il n'arborait pas l'aspect réaliste du déjeuner de la veille. Marie ne distinguait pas la nature exacte des aliments, semblables à des blocs informes.

Leur consistance éthérée donnait à Marie l'impression de dévorer un morceau d'air solidifié, mais encore très léger.

Florence, le cahier sur les genoux, regardait son amie, tout en disant :

— Tu peux parler au cahier, si tu veux. Il apprécierait cette marque d'amitié. Tout au cours de sa vie, personne ne lui a jamais prêté attention, et cette indifférence le blessait. Il s'appelle Enrich. Si tu veux dialoguer avec lui, rien de plus facile. Tu l'ouvres à la première page. Tu lui poses une question. Tu verras différentes lettres changer de position, pour former des mots. Les scientifiques évoqueraient une modification de la structure moléculaire... Mais peut-on véritablement appliquer ces termes à un objet-fantôme ? Cela dit, ne t'étonne pas des réponses parfois laconiques de notre ami, quand tu discuteras avec lui. Certains jours, c'est sa façon de concevoir la conversation, par fragments...

Le silence s'installa dans la pièce, pendant les minutes suivantes. Puis, le repas terminé, Marie se leva et demanda :

— Alors, que faisons-nous ? Comment occupes-tu tes journées ?

— J'aimerais avant tout t'enseigner tes nouveaux pouvoirs.

— Des pouvoirs ?

— Oui, quand je t'ai inculqué des notions générales, lors de ta venue ici, j'ai aussi stimulé tes facultés mentales. Tu ne l'ignores pas, les humains utilisent seulement un dixième de leur potentiel intellectuel. J'ai voulu t'aider à profiter de tes possibilités. Maintenant, tu maîtrises la télékinésie, la télétransportation.

— Je peux déplacer les objets à distance ? Me rendre où je veux par la seule force de ma pensée ?

Florence hocha la tête et convia son amie à essayer. Marie fixa Enrich et tenta de l'envoyer sur la table. En vain.

— Oh ! Laisse-moi te prévenir tout de suite, avertit Florence, ce don fonctionne avec les objets vivants seulement, pas avec nous. Nous sommes soustraits à la sphère d'influence des humains. Tiens, essaie avec la table. Tu devrais réussir à exercer tes talents sur elle ; elle ne vient pas de notre monde, je l'ai fait emporter ici pour toi.

Marie se concentra. Elle formula le désir de voir l'objet s'élever vers le plafond. La table se propulsa et heurta les planches avec violence. Elle retomba aussitôt, manquant de se briser.

— Tu vois, dit Florence, c'est simple. Tes pouvoirs sont très grands, j'ai oublié de le préciser. Aussi, procède toujours en douceur, sinon tu risques de briser les objets.

— Tant mieux ! Ils accéderont enfin au bonheur, soupira Marie.

— Tu songes à mon existence désolante, avant d'accéder à mon état actuel ? Ce n'était pas si pénible, tu sais. Il s'agit là d'une sorte d'étape transitoire, nécessaire pour mieux apprécier notre état actuel, pour apprendre, comprendre. Nous nous en rappelons sans joie, mais nous ne regrettons pas cette période de formation.

— Et la télétransportation ? demanda Marie.

— Essaie, tu verras.

Marie songea à la maison de ses parents. Elle n'en gardait aucun souvenir, mais souhaita s'y rendre.

Un bref éclair lumineux l'éblouit. Une fois l'aveuglante lumière dissipée, la jeune fille aperçut un décor différent.

Elle ne se trouvait plus dans sa maison au milieu du cimetière. Cette petite chambre, décorée de peintures naïves et de couleurs vives, n'était-ce pas la sienne, avant son éveil au monde ? Elle entendit des voix derrière la porte fermée.

— Cesse de te tourmenter, Eugénie, disait un homme, plein de compassion. À quoi bon fouiller encore sa chambre ? Tu le sais bien, tu n'y trouveras pas ta fille. Le docteur Duguël te l'a dit. Tu dois te changer les idées. La police finira par la retrouver... Une enfant handicapée ne se perd pas ainsi dans la foule sans être aussitôt aperçue et recueillie par des passants charitables.

— Et si elle était revenue, rentrée par la fenêtre ? interrogea une femme, remplie d'espoir.

— Comme tu veux, chérie. Ouvrons la porte, nous verrons.

Le battant pivota. Immédiatement, Marie pensa au cimetière. Juste un peu trop tard. Son regard avait eu le temps de croiser celui de sa mère.

Florence, le visage impassible, comme toujours, scrutait Marie de ses grands yeux noirs.

— Alors ?

Troublée, Marie répondit :

— Tu as raison, je détiens des pouvoirs extraordinaires. Ma mère m'a vue, même si les « gens normaux » sont incapables de m'apercevoir... Elle a sans doute découvert ma présence grâce aux liens puissants qui nous unissaient. Elle est triste et folle d'inquiétude...

— C'est difficile, je le sais. Mais tu ne dois plus songer à ton « ancienne vie ». C'est une époque révolue. On ne peut plus retourner en arrière. Si tu rejoignais tes parents, tu serais soumise à une interminable série de tests douloureux, d'expérimentations médicales. On ferait de toi un cobaye. C'est impossible, Marie. Tu dois oublier ton passé. Crois-moi.

La jeune fille comprenait la justesse des propos de sa poupée. Cependant, elle ne pouvait se départir d'une sourde tristesse.

— Maintenant, que faisons-nous ? demanda-t-elle d'une voix lasse.

— Il y a des règles à respecter, dans ce cimetière, énonça Florence d'une voix docte. Mais Enrich brûle du désir de te les apprendre.

m'en dire plus à ce sujet ? Comment les squelettes ont-ils été calmés, finalement ?

Il règne ici un roi des objets, le Grand Rouillé, une pièce de métal très ancienne. Il a communiqué avec une seringue fantomatique remplie d'un calmant spectral.

— Vous avez injecté des calmants dans les os des squelettes ?

Oui, et crois-moi, ce fut très difficile. Ils s'étaient organisés et s'apprêtaient à envahir le monde de tes parents... Le gardien du cimetière les a aperçus, d'ailleurs. Cependant, comme il accusait des tendances prononcées à l'alcoolisme, le curé a préféré le congédier, le qualifiant de blasphémateur.

— Mais, s'exclama Marie, cela signifie alors que les humains ont vraiment une âme !

Non, car ce sont les squelettes, les os considérés en tant qu'objets, qui s'animent... Ils ne sont plus mus par une personnalité humaine, mais bien par leur simple nature matérielle.

Quand tu arriveras devant les pierres tombales des Cypriani, il te suffira de regarder le sol. Pendant le temps nécessaire, il deviendra transparent et tu verras les os à compter. Une fois ton travail terminé, la terre redeviendra opaque. Chacun d'entre nous doit compter certains squelettes... Je m'occupe de ceux de la famille Karloff.

— Et on ignore vraiment pourquoi ils sont rassurés de ce procédé...

Oui. Mais nous n'en sommes pas à un mystère près, dans ce cimetière.

Continuons à présent avec tes autres tâches. Tu devras composer un poème pour l'enfant-muse. C'est un petit angelot de pierre. Il souffre d'atroces cauchemars quand on ne lui invente pas un bref poème pour l'apaiser.

Puis, tu chanteras la musique inscrite sur des partitions-fantômes, grâce à tes nouveaux talents dans ce domaine. Enfin, tu liras un chapitre d'un roman-fantôme. Pas plus, surtout ! Les conséquences seraient désastreuses. Voilà, c'est tout. Tu vois, nous ne t'en demandons pas beaucoup. Le strict minimum. Et comme ici chacun fait sa part, tout va bien et nous disposons de longues heures de liberté. À présent, nous allons te conduire à l'emplacement des tombes des Cypriani.

Marie suivit Florence et Enrich, suspendus dans les airs à la hauteur de ses yeux. À quelques mètres de sa maison, elle aperçut une série de tombes :

Giuliano Cypriani, Antoine Cypriani, François Delarmier, Jacob Cypriani...

— Celui-là dans le milieu, pourquoi il ne porte pas le même nom ? demanda Marie.

— Je l'ignore, répondit Florence. Mais il fait partie de la famille et tu dois compter ses os, comme ceux des autres.

Marie s'accoutumait peu à peu à la présence de nombreux mystères. Elle acceptait l'incertitude comme allant de soi, normale dans cet univers en marge du réel. Elle scruta bientôt l'enfant-muse. Il s'agissait d'un petit ange de pierre, déjà usé par le temps, dont on ne distinguait presque plus les traits.

— Mais... hésita Marie, si l'enfant-muse n'aime pas mon poème ?

— Il te le dira. Il peut parler. Il te laissera tranquille une fois ton devoir accompli. Ne t'inquiète pas, il est très gentil et peu exigeant.

Les partitions-fantômes, très simples, reposaient tout près de là... Un peu plus loin, les romans-fantômes, immobiles, attendaient leur visiteuse.

— Quand dois-je commencer ? demanda la jeune fille.

— Aujourd'hui, dès maintenant. Je te laisse à présent, car je dois moi aussi exécuter certaines tâches. Je t'en parlerais bien, mais on m'a demandé de les tenir secrètes, dans la mesure du possible : un autre mystère de cet endroit surprenant.

Marie revint donc à son point de départ. Elle scruta la terre et compta les nombreux os. Lentement, sans se presser. Il fallait bien remplir son travail, ne pas le bâcler, afin d'assurer le repos des squelettes. Tout se déroula sans anicroches et, après cette première étape, Marie se dirigea vers l'enfant-muse. Elle improvisa un poème basé sur la légende du geôlier aveugle, enfouie dans son esprit. Elle pigea dans sa nouvelle mémoire le souvenir des *Mille et une nuits*, ce récit sans fin grâce auquel la belle Schéhérazade était parvenue à endiguer le courroux de son époux. Pourquoi ne pas inventer chaque jour un poème à suivre, feuilleton sans fin célébrant les exploits du geôlier aveugle et de ses prisonniers ?

Dès les premiers mots du texte improvisé, l'enfant-muse avait ouvert de grands yeux candides. Il se concentrait, désirait remplir son esprit du poème. Lorsqu'il referma ses paupières, Marie sut qu'elle était parvenue à s'acquitter convenablement de son mandat.

Vinrent ensuite les partitions-fantômes. La situation se compliquait, car les mélodies simplistes aperçues tout à l'heure avait été remplacées par des compositions complexes, remplies de ruptures de ton et de rythme. Marie découvrait avec étonnement ses capacités pour la musique, en pratiquant la lecture à vue avec une aisance certaine. Elle parvint à se tirer d'affaire sans commettre aucune erreur.

Si elle n'éprouvait aucun problème avec les romans-fantômes, alors sa tâche serait une véritable sinécure, divertissante et brève. Marie saisit le premier roman-fantôme. C'était un ouvrage à la couverture mauve et très abîmée. Il avait peut-être appartenu à un enfant insouciant, on avait pu le perdre quelque part... Sur la page couverture, gonflée et gommée par l'eau, l'image était devenue indiscernable. Seul le titre subsistait, miraculeusement épargné : *L'ombre du sorcier*. Marie lut le premier chapitre, narrant l'histoire de la fille aînée d'un sorcier, élevée dans une marmite magique capable de voyager à l'intérieur des algues.

Satisfaite, Marie regagna sa maison.

Enrich l'attendait. Elle s'installa près de lui. Un peu troublée, elle lui parla à voix haute, lut la réponse, poursuivit un dialogue insolite au début, mais auquel elle s'habituait peu à peu.

— Tu n'as aucune tâche à exécuter, toi ?

Oui.

— Lesquelles ?

Secret.

— Comme Florence ?

Oui.

— Et pourquoi tous ces secrets ?

Secret.

— La raison d'être des secrets est secrète ?

Oui.

Florence rejoignit bientôt ses amis. Elle invita Marie à expérimenter de nouveau ses pouvoirs télékinésiques. Une deuxième fois, la table percuta le plafond avec violence.

— Hum ! réfléchit la poupée, dubitative. Cette pauvre table risque de terminer ses jours sous peu, à ce rythme. Je te suggère d'essayer tes dons sur le terrain vague du vieux Losfeld. Tu n'y risqueras rien, c'est un homme solitaire, un peu fou mais très ouvert au surnaturel. Il comprendra sûrement la nature de tes occupations et ne te dérangera pas. Vas-y seule. C'est mieux. Personne ne viendra te distraire. Tu pourras mener à terme toutes les expériences voulues.

Marie se leva.

— Je te remercie, Florence.

— Je dois aussi te prévenir contre une dernière conséquence liée à tes pouvoirs : si tu sens la fatigue t'envahir, suspends toute activité. Si tu persistes, tu t'effondreras, sans énergie, et tu devras compter de longues semaines avant de pouvoir jouir d'un rétablissement complet.

La jeune fille songeait à cet avertissement en gagnant à pied le terrain vague, facile à localiser grâce aux instructions de Florence. Elle y parvint bientôt. C'était une grande étendue déserte et grise. En plein milieu se dressait une maison délabrée, aux volets clos. Le silence régnait sur l'endroit. Marie s'installa sur le sol, lissa sa jupe et se concentra. Il s'agissait de déplacer cette grosse pierre, située non loin d'elle, de la propulser vers le ciel.

Encore une fois, elle déploya une force trop intense. Marie crut voir l'objet disparaître, tant il s'éleva à grande vitesse au-dessus d'elle. Il était trop tard pour l'arrêter... La jeune fille imagina la trajectoire du projectile pendant quelques secondes. Voyageant de façon incontrôlable, il se heurterait peut-être à quelque planète, à quelque vaisseau spatial, provoquant la panique des astronautes, déconcertés par ce météorite miniature doté d'une force d'impact démesurée par rapport à sa petite taille.

La jeune fille recommença, s'efforçant de laisser passer un minuscule flux énergétique. Le caillou visé ne bougea pas. Un peu plus... Une légère vibration le secoua. Encore un peu plus. Voilà ! Il s'élevait dans le ciel, comme mu par une vie propre. Puis soudain, il s'effondra, sans raison apparente. Un peu déçue, Marie comprenait la raison de cet échec. Elle ne maîtrisait pas encore ses nouveaux dons. Cette difficulté ne devait pas la surprendre outre mesure. Toute nouvelle technique demandait une période d'apprentissage. Chaque jour, elle viendrait ici, recommencerait le rituel sans se décourager. À force de s'exercer, elle finirait bien par savoir comment procéder avec exactitude.

Elle se concentra de nouveau, et entreprit, sans se lasser, de poursuivre, poursuivre, poursuivre...

Puis, elle éprouva soudain l'impression d'être happée par la réalité. Autour d'elle, l'obscurité régnait. Trop plongée dans son activité, elle n'avait pas vu les heures passer, la nuit venir. Il était temps de regagner sa demeure, à présent.

Florence l'y attendait. Elle entendit avec satisfaction le récit des progrès de son amie. La fatigue gagna Marie.

— C'est normal, après cette dépense d'énergie, expliqua la poupée.

Peu après, elle quittait l'amnésique, pour la laisser se reposer.

3

LES PENSIONNAIRES SE DÉTRAQUENT

Depuis combien de temps Marie vivait-elle ici, dans ce cimetière ? Elle n'aurait su le dire et ne voulait pas le savoir. Elle maîtrisait maintenant ses dons de télékinésie, de télétransportation. Elle avait vu la neige succéder aux feuilles mortes, l'été relayer le printemps.

Une autre journée commençait. Rien ne laissait présager une quelconque différence. Le déjeuner spectral s'apparentait à ceux de la veille et de l'avant-veille. Enrich manifestait toujours le même laconisme. L'avant-midi se déroula tranquillement. Vint alors le moment d'aller remplir ses obligations. Tous se séparèrent.

En arrivant devant le territoire de la famille Cypriani, Marie ressentit une curieuse sensation, comme si elle devinait une subtile différence dans l'atmosphère, autour d'elle. Pourtant, elle regardait attentivement le sol transparent sans parvenir à justifier son pressentiment. Les squelettes, toujours immobiles, ne témoignaient en rien d'une hypothétique modification. Compter le nombre immuable d'os... Marie trouvait cette besogne un peu inutile. Comme si le résultat avait pu changer, d'un jour à l'autre ! Malgré son impression, elle sentit une certaine lassitude l'envahir. La jeune fille l'admit plus tard, elle bâcla un peu son travail.

Lorsqu'elle eut terminé, rêva-t-elle ou l'un des squelettes bougea-t-il vraiment ? C'était malaisé d'opter pour l'une ou l'autre de ces possibilités : un réel mouvement quasi imperceptible, un frémissement bref, d'un centimètre à peine, ou une illusion ? Marie était certaine de ne rien avoir imaginé. Le squelette du milieu, François Delarmier, avait véritablement bougé. Craintive, elle s'attendit à le voir bondir hors de sa tombe. Mais le silence et le calme continuaient de régner sur le cimetière paisible. La jeune fille se résolut à en parler à Florence, aussitôt rentrée à la maison. Il convenait peut-être de se méfier.

Marie redoubla de prudence en abordant l'enfant-muse. Elle poursuivit sa narration des aventures du geôlier aveugle. Elle s'était presque prise d'amitié pour ce personnage dont elle inventait de nouveaux exploits depuis si longtemps déjà. Cette fois, le geôlier découvrait le point faible du monarque vert, son ennemi juré. Il suffisait de confronter le monarque à un enfant daltonien pour réduire à néant son pouvoir d'ensorcellement.

Particulièrement fière de cette idée, la jeune fille fut un peu déçue de l'expression indifférente de l'enfant-muse, à la fin de son récit. Les deux dernières semaines avaient été marquées par un intérêt accru du petit personnage pour les exploits du geôlier. Marie s'attendait à l'émerveiller par ce coup de théâtre. Au contraire, il semblait presque insatisfait. Il s'endormit pourtant, et Marie visita les partitions-fantômes.

Celles-ci lui imposèrent un solfège particulièrement ardu. Au fil des mois, la jeune fille avait exécuté des pièces difficiles, mais celle-ci s'imposait comme la plus complexe. Pour une fois, Marie ne se sentit pas très satisfaite de sa performance. Elle aurait pu mieux rendre ce morceau.

C'est donc un peu frustrée qu'elle aborda les romans-fantômes... Elle éprouvait l'impression indéfinissable d'un semi-échec dans l'exécution des trois tâches précédentes. *Au rendez-vous des courtisans glacés,* le roman-fantôme qu'elle lisait, lui plaisait beaucoup. Elle était impatiente de découvrir la suite.

Marie aurait dû s'en douter ! Le nouveau chapitre rompait l'harmonie du roman. On s'attendait à découvrir en détail l'enlèvement de la princesse Katharina. Contre toute attente, de longues phrases monotones s'alignaient, enchaînant des propos pseudo-philosophiques d'une navrante banalité.

Songeuse, la jeune fille regagna la maison. Florence devina immédiatement le tourment de son amie. Marie lui exposa la situation. La poupée choisit de relativiser les événements :

— Tu sais, la situation ne peut pas toujours être brillante. Tu remplis tes devoirs avec efficacité, originalité, persévérance, c'est déjà beaucoup. J'ai reçu des compliments à ton sujet, de la part du Grand Rouillé lui-même.

— Le Grand Rouillé ? Mais je ne l'ai jamais rencontré ! Comment peut-il se prononcer quant à la qualité de mon travail ?

— Ne sous-estime pas notre père à tous, gronda Florence avec une pointe d'ironie. Tes faits et gestes sont surveillés. De quelle manière, je l'ignore, mais tu ne devrais pas t'étonner outre mesure des surprises constantes propres à ce cimetière.

— Tu as bien raison, admit la jeune amnésique.

Afin de retrouver sa sérénité, elle se rendit sur le terrain du vieux Losfeld pour s'exercer. Elle l'avait remarqué, le propriétaire des lieux la regardait parfois, dissimulé derrière un rideau. Il ne s'était toutefois jamais manifesté, et la visiteuse pouvait poursuivre ses activités en toute tranquillité.

En se levant, le lendemain, Marie songea à ses inquiétudes de la veille, et souhaita recevoir une confirmation de leur futilité. De façon encourageante, dans la clarté du matin, rien ne laissait présager une quelconque différence. La jeune fille s'évertua à imaginer une suite originale et surprenante aux aventures du geôlier aveugle. Puis, une fois le calme avant-midi écoulé, vint le moment d'aller remplir ses obligations.

En arrivant devant le territoire de la famille Cypriani, Marie ressentit encore la curieuse sensation de la veille, cette certitude indéfinissable de deviner une subtile différence dans l'atmosphère. Pourtant, elle regardait attentivement le sol transparent sans parvenir à justifier son impression. Les squelettes, toujours immobiles, ne témoignaient en rien d'une hypothétique modification. Cette fois, Marie s'appliqua à compter les os. Pas question de provoquer une réaction en chaîne, comme la veille. Peut-être le squelette Delarmier avait-il contacté les autres pour leur transmettre son mécontentement, d'où l'apathie de l'enfant-muse, l'ennui du roman-fantôme...

Marie compta donc les squelettes sans se presser. Quand le tour de Delarmier arriva, elle s'inquiéta. Quatre-vingt-neuf os ? C'était insuffisant, et cela ne correspondait pas au nombre habituel. Elle recompta... Quatre-vingt-cinq ? Comment cela se pouvait-il ? Encore une fois... Quatre-vingt-quinze...

Elle ne pouvait pourtant pas passer la journée à recompter sans cesse. Elle se reprit une quatrième fois : 98.

Alors, elle perçut vraiment un mouvement. La main du squelette s'était déplacée brusquement d'au moins cinq centimètres, c'était certain. Cette fois, bondirait-il hors de sa tombe ? Pour conjurer le mauvais sort, Marie compta sur-le-champ les os des autres squelettes. Tout se déroula bien. Mais fallait-il revenir à Delarmier ? Si, comme le croyait Marie, seule la démarche était importante, le résultat importait peu. C'était cohérent, dans la logique magique de ce cimetière. Il suffisait de s'appliquer à sa tâche et non d'arriver à une « bonne » solution inexistante. Alors, Marie avait honorablement rempli ses fonctions. Florence lui avait bien dit de compter les os, et non de se soucier du résultat obtenu. Le silence et le calme continuaient de régner sur le cimetière. La jeune fille y vit un bon présage et, se décidant à en parler à Florence, aussitôt rentrée à la maison, elle aborda l'enfant-muse, prudente.

Elle récita son texte appris par cœur. Le monarque vert recourait aux services de l'enfant-muse pour se protéger. L'angelot s'étonnerait sûrement de se voir impliqué dans ce récit fictif, d'y participer grâce à la conteuse !

Contre toute attente, l'enfant-muse arbora une expression dégoûtée. Gênée, Marie eut l'impression d'avoir commis un sacrilège. À l'évidence, ce coup de théâtre déplaisait au plus haut degré au petit être de pierre. Cette fois, aucun doute ne subsistait, il éprouvait une grande insatisfaction. Il s'endormit pourtant, non sans lancer une œillade désapprobatrice à Marie.

Celle-ci, nerveuse, s'approcha des partitions-fantômes. Elles lui présentèrent une partition vierge de toute inscription. Le vide... Comment rendre le silence ? La jeune fille tint la feuille devant ses yeux, ouvrit la bouche et ne laissa sortir aucun son. Elle attendit... Combien de temps devait-elle demeurer immobile et silencieuse ? Il n'y avait rien sur la feuille, aucune indication de durée, de tempo... Comment savoir où s'arrêter ? Trop attendre, c'était mal interpréter la partition ; se précipiter, c'était tomber dans le même piège. Après d'interminables minutes, Marie reposa la feuille devant elle. Elle ne se sentait pas très satisfaite de sa performance, mais comment aurait-elle pu mieux rendre ce morceau ?

Dévorée par une sourde inquiétude, elle aborda les romans-fantômes... Le titre du roman venait de changer, devenant *Au rendez-vous de Marie-la-glacée*, titre angoissant entre tous, dans lequel Marie devinait une harangue menaçante.

Elle parcourut le chapitre en retenant sa respiration : la belle Katharina arrivait au château du Baron Samedi, milliardaire obsédé par le vaudou. Celui-ci la conduisait dans une salle des tortures où il lui disait : « Tu vois cette jeune fille installée sur cette table d'opération ? C'est Marie Castel... Et son sort t'attend. » Peu rassurée, Katharina demandait : « Qu'allez-vous lui faire ? »

Le Baron éclatait de rire... Et le chapitre s'achevait.

Marie brûlait d'envie de tourner la page pour découvrir la suite... Mais elle n'avait pas le droit de lire plus d'un chapitre à la fois. Florence l'avait prévenue : si elle outrepassait cette directive, elle s'exposait à de grands dangers.

Tremblante, la jeune fille regagna la maison. Florence devina immédiatement le tourment de son amie. Marie lui exposa la situation. La poupée ne manifesta plus son insouciance de la veille :

— Tout cela ne présage rien de bon, en effet... Cependant, jusqu'à maintenant, aucun événement déplorable ne s'est produit. Peut-être tes « patients » sont-ils un peu agités ? J'en parlerai au Grand Rouillé, il saura comment agir.

— Peux-tu le voir aujourd'hui ?

— Cela m'étonnerait, vu ses nombreuses occupations. J'essaierai, je te le promets.

Sur ces paroles, Florence quitta la maison pour tenter d'obtenir un rendez-vous.

Marie se rendit sur le terrain du vieux Losfeld, s'apaisant peu à peu. Avant de revenir chez elle, elle aperçut le propriétaire des lieux. Il la regardait sans prendre la peine de se dissimuler. La jeune fille crut distinguer une lueur malveillante dans son regard, mais, nerveuse, elle imaginait peut-être des complots partout autour d'elle.

Au lendemain d'une nuit agitée, Marie se leva sans enthousiasme. Ironiquement, la clarté du matin semblait lui souhaiter la bienvenue. La jeune fille chercha Florence sans pouvoir la retrouver. Peut-être sa poupée s'entretenait-elle avec le Grand Rouillé. Marie réfléchit à un moyen de supprimer le rôle de l'enfant-muse dans les aventures du geôlier aveugle. Comme l'angelot n'approuvait pas sa présence au sein du poème, il convenait de modifier le récit dès aujourd'hui, en prenant bien soin de ne pas le vexer. Trop vite, à la fin d'un calme avant-midi, vint le moment d'aller remplir ses obligations.

En arrivant devant le territoire de la famille Cypriani, Marie ressentit de façon encore plus prononcée la curieuse sensation de la veille, cette subtile différence dans l'atmosphère. Pourtant, les squelettes demeuraient immobiles. Elle compta les os. Tout se déroula bien, avant le tour de Delarmier : 500 os, puis 2 os, puis 132. Pourtant, en le regardant, Marie n'avait pas l'impression de le voir changer de forme. Comment une telle aberration était-elle possible ? Le squelette jouait-il avec son esprit, s'amusant à provoquer des hallucinations ? Elle se reprit une dernière fois : 98.

Tant pis ! Seule la démarche comptait, elle le savait, alors elle laisserait Delarmier sans plus s'en soucier.

Elle s'attendait à voir le squelette bouger. Une logique de la progression semblait régir la situation, chaque jour amplifiant les difficultés de la veille. Contre toute attente, Delarmier ne quitta pas sa posture figée. Florence avait peut-être émis un verdict juste, hier : les « patients » de Marie s'agitaient, tout simplement. La jeune fille termina son travail auprès des autres squelettes, sans éprouver aucun problème. Elle aborda l'enfant-muse en souhaitant constater qu'il était revenu à de meilleures dispositions.

Elle récita son texte appris par cœur, débitant son stratagème pour plaire à son auditeur. L'enfant-muse était donc en vérité une momie déguisée, envoyée par le prince des dents pour défier le monarque vert.

Une fois ce récit terminé, l'enfant-muse lança un regard morne à la raconteuse. C'était mieux que la veille, certes, mais le sévère critique ne témoignait guère d'admiration. Tant pis ! Au suivant, alors.

Marie découvrit une partition impossible à exécuter : il fallait solfier trois notes à la fois, lesdites notes s'enchaînant à l'infini pendant cinq pages, sans aucun silence. Comment pouvait-on chanter un accord, sans s'interrompre pour respirer, pendant au moins cinq minutes ? Marie dut baisser les bras, et dire à voix haute :

— Vous savez bien qu'il m'est impossible de chanter cette partition !

Entre ses mains, la partition s'enflamma. Marie la laissa tomber sur le sol où elle se consuma en une fraction de seconde. Elle crut entendre un chœur accusateur hurler dans sa tête :

— Marie Castel ! Tu t'es trompée ! Tu t'es trompée !

Une voix grave gronda :

— La punition t'attend. C'est le sort des mauvais musiciens.

Et le silence succéda soudain au vacarme intérieur.

Marie s'effondra sur le sol, incapable de bouger.

Puis, dans un état somnambulique, comme portée par une force extérieure, elle se releva et se rendit mécaniquement jusqu'au roman-fantôme.

Le titre du roman venait de changer, devenant *Les souffrances de Marie-la-glacée*, en une menace sans ambiguïté.

Elle parcourut le chapitre dans un état second : dès les premières pages, le Baron se livrait aux pires expériences, aux sévices les plus cruels sur la pauvre Marie Castel impuissante. Les pages s'enchaînaient, s'enchaînaient, multipliant les supplices. Ce chapitre semblait ne jamais devoir s'arrêter. Plus Marie lisait, puis elle sentait le poids du livre s'appesantir dans ses mains, comme si, pour chaque page tournée, une autre page apparaissait et gonflait le livre.

Elle n'en pouvait plus, mais elle sentait très bien que d'interrompre la lecture équivalait à plonger le cimetière dans le chaos et à risquer sa propre vie.

Enfin le chapitre s'interrompait sur ce passage sans équivoque :

« Se tournant vers Katharina, le Baron lui dit :

— Vous le constatez, la souffrance ne connaît pas de limites. Je suis fatigué, aussi nous arrêterons-nous pour aujourd'hui. Rendez-vous demain matin, ici-même où nous poursuivrons nos expériences. »

En transe, la jeune fille regagna la maison. Florence ne s'y trouvait pas, Enrich non plus. Leur amie eut beau les appeler, ils ne vinrent pas.

Poussée par l'habitude, Marie se rendit sur le terrain du vieux Losfeld. Dès qu'il l'aperçut, le vieil homme sortit, une carabine au poing. Il épaula, visa. Dans un éclair, Marie vit son doigt se crisper sur la gâchette. Elle comprit... Il allait tirer, il n'y avait plus rien à faire...

Dans un ralenti hallucinant, elle songea à la télétransportation... Mais il fallait une concentration dont elle était dépourvue, déchirée entre la torpeur et l'angoisse. Déjà, le vieux Losfeld tirait et la balle, propulsée hors du canon, filait vers la tête de la jeune fille.

4

Le Cirque aux Mystères

L'amnésique vit clairement la balle filer vers elle.

Puis elle s'immobilisa soudain tout près du visage de Marie, engluée dans une matière invisible.

Un papillon, pétrifié, à quelques mètres au-dessus de la balle, avait aussi suspendu son vol. C'était comme si, du sol au ciel, une partie du décor s'était solidifiée. Les secondes s'écoulaient, et Marie, sans comprendre, fixait l'insecte, la balle, quelques cristaux de poussière en suspension dans l'air.

La jeune fille tendit la main devant elle. Elle toucha l'insecte, aux ailes devenues dures comme de la pierre.

Face à son adversaire, le vieux Losfeld, déconcerté, hésitait. Il scrutait Marie, baissait le regard vers son arme. La colère finit par l'emporter, et il braqua son arme une seconde fois. Au moment où il s'apprêtait à appuyer sur la gâchette, il s'immobilisa lui aussi, apparemment victime de la même solidification. Que se passait-il ?

Une main froide s'abattit sur l'épaule de Marie. Effrayée, la jeune fille se retourna.

Elle découvrit un jeune homme blond, d'une vingtaine d'années, au visage nerveux, à la mâchoire volontaire. Une rassurante sympathie éclairait ses yeux bleus. D'une voix douce, il dit à Marie :

— Ne t'inquiète plus. Tout va bien, maintenant. Ne crains rien pour le vieil homme, il retrouvera toute sa mobilité quand nous partirons. Je me présente : Marius, solidificateur de paysages.

— Euh... Marie Castel, dit gauchement la jeune fille.

— Suis-moi, invita l'homme blond. Nous devons nous rendre au cimetière. Mon frère et mes amis nous y attendent.

— Que se passe-t-il ?

— Tu vas comprendre. Allez, viens...

Ils se dirigèrent vers le cimetière sans parler. Durant le bref trajet, Marie ne pouvait s'empêcher de se poser une foule de questions.

À l'entrée du cimetière, le frère jumeau de Marius les attendait. Il tendit la main à l'amnésique et dit :

— Je suis Julius, le dompteur d'atmosphère.

Marie lui lança un regard interrogateur.

Puis, escortée par les deux frères, elle se dirigea naturellement vers sa maison. Elle découvrit la porte ouverte. Des gens, assis sur le sol, les attendaient.

Un vigoureux quinquagénaire se leva à leur entrée.

— Je m'appelle Hans, dit-il. Je suis le directeur du Cirque aux Mystères.

Marie aperçut Florence et Enrich. La poupée ne bougeait pas et ne réagit pas aux œillades insistantes de son amie.

— Ne t'inquiète pas, Marie, dit le directeur. Je suis télépathe, je lis dans tes pensées, et je comprends toutes tes interrogations. Je vais y répondre méthodiquement et t'expliquer qui nous sommes, ce que nous voulons... Mais assieds-toi, car écouter mon histoire te demandera un certain temps.

La jeune fille s'exécuta, non sans songer à sa première « séance d'explications » au cours de laquelle elle avait lu le message de Florence. Elle se remémora aussi sa première discussion avec la poupée. De nouvelles règles s'instaureraient-elles ?

Hans prit la parole :

— Grâce à Florence et aux objets-fantômes, tu as pris conscience de l'existence du surnaturel autour de toi. C'est très bien. Tu es ouverte d'esprit et ton jugement n'est pas obscurci par les déplorables préjugés rationalistes des humains.

Récapitulons... Les personnes ici présentes font partie du Cirque aux Mystères. Nous formons une troupe très particulière. Ton expérience te l'a démontré, il n'y a pas qu'une seule réalité. Aussi ne te surprendras-tu pas si je t'apprends que mon groupe voyage et donne différentes représentations, partout où il va.

Notre cirque circule dans de multiples dimensions... Nous venons régulièrement dans le monde des humains, mais nous explorons aussi une pluralité d'autres univers insolites, comme la cité

des sculpteurs d'air, la ville-bibliothèque, ou l'Île des Piqueurs de Mer.
Cela dit, tu te demandes sans doute pourquoi nous surgissons ainsi, en plein chaos, au milieu du cimetière. Allons-nous donner une représentation pour les objets-fantômes ? Non...

Marie entendit un bruit derrière elle. Inquiète, elle songea aussitôt au squelette Delarmier, aux partitions-fantômes, à l'enfant-muse. Ces personnages insatisfaits entraient-ils dans la maison, prêts à semer la destruction sur leur passage ?

Hans dut lire ces pensées, car il s'empressa de rassurer la jeune fille :

— Non, Marie... Tu entends les pas de Marius, c'est tout. Je tiens d'ailleurs à te réconforter. Nous sommes la cause de tes problèmes, depuis trois jours. Nous nous en excusons sincèrement... Chacune de nos arrivées dans un monde crée un certain nombre de perturbations. Nous aimerions pouvoir les empêcher, mais c'est impossible. Notre venue ici a engendré le comportement déroutant de tes protégés. D'autres, dans le cimetière, ont comme toi expérimenté de tels ennuis. Mais c'est fini, maintenant. Nous voilà parmi vous, et tout est rentré dans l'ordre rapidement. Julius a très vite dompté cette atmosphère négative.

— Je ne suis pas certaine de tout comprendre, confessa Marie.

Julius s'avança devant elle. Dans sa main droite, il tenait un long fouet d'argent.

— Tu vois cet instrument? demanda-t-il. Cet objet magique me permet de dompter les atmosphères négatives. Lorsque je me rends dans une pièce où une violente dispute a éclaté, je sens très bien une forte pression autour de moi. Les tensions, invisibles pour les humains, se regroupent parfois et, lorsqu'elles sont suffisamment nombreuses, elles explosent et provoquent bien des ravages : meurtres, crimes... Si un humain un peu perturbé se trouve sur leur chemin, elles influenceront son esprit à son insu, et il laissera libre cours à ses mauvais penchants. Cela explique pourquoi des individus en apparence doux et calmes sont parfois responsables d'assassinats sordides.

J'ai appris à domestiquer ces énergies négatives, et à les enfermer dans mon fouet. Il suffit que j'abatte ma lanière sur le point névralgique de ce nuage d'énergie sombre, pour qu'il se retrouve aussitôt enfermé dans le manche du fouet. Bien sûr, ce manche n'a pas une capacité d'emmagasinage infini ; aussi, je dois le décharger de temps à autre. Cette opération se révèle extrêmement délicate et dangereuse, car je dois libérer les forces négatives dans un endroit où elles pourront se perdre sans danger : un tronc d'arbre vide, où elles se dispersent, montent vers le soleil et se consument ; un marais, où elles se noient ; certaines roches, dans lesquelles elles se dissolvent.

— Et comment savez-vous que le manche du fouet est plein ?

— Je connais très bien cet instrument. Je le devine. Actuellement, par exemple, il est rempli à 50 %. Il y avait un énorme nuage d'atmosphère noire dans ce cimetière, que j'ai pu maîtriser à temps, heureusement. Sinon, je l'avoue, le chaos aurait pris toute la place : les squelettes se seraient levés, et je n'ose penser au reste.

— De toute façon, affirma Hans avec éloquence, Julius se montre toujours très efficace. Lors de notre arrivée dans chaque monde, il utilise toujours le même scénario : il dompte avec adresse les ondes dangereuses et, ensuite, comme un brave homme, il doute de lui-même, après avoir donné le meilleur exemple de son immense talent.

Modeste, Julius baissa la tête et marmonna un vague remerciement.

— Bien, reprit Hans. Où en étions-nous ? À notre arrivée au cimetière... Julius a donc réglé ton problème, Marie. Comme je te le disais précédemment, nous ne sommes pas ici pour une simple représentation. Notre situation est plus complexe. Florence, Enrich et toi devez bien comprendre la raison de notre venue, car nous sollicitons votre aide, alors permets-moi de te raconter comment tout a commencé.

Marie acquiesça d'un signe de tête.

— Un jour, au terme d'une représentation particulièrement réussie, un vieillard est venu nous trouver. Il semblait inoffensif, avec ses vêtements rouges élimés. Il demanda à me voir, et me tendit une enveloppe scellée. « T'nez, m'sieur Hans, on m'a chargé d'vous donner ça. »

« Vous agissez à titre de messager ? » m'enquis-je. « C'est bien ça », marmonna-t-il en s'empressant de s'éloigner. J'ouvris la lettre et j'y découvris un message.

Hans interrompit sa narration, puisa une feuille de papier pliée en quatre dans la poche de son pantalon. Puis, il lut la lettre à haute voix :

— « Hans Werner, ne prenez pas mon avertissement à la légère. Cessez immédiatement toutes vos activités dans le cadre du Cirque aux Mystères. Mettez fin à votre troupe, congédiez ses membres. Obéissez, ou les conséquences seront redoutables. »

Le directeur du cirque marqua une pause, puis ajouta :

— C'est assez théâtral, vous l'admettrez. Que pouvais-je faire ? Il s'agissait sans doute d'une mauvaise plaisanterie. Comment prendre au sérieux une telle menace ? Et, de toute façon, mon cirque intemporel, c'est ma vie. Je ne vois pas comment je pourrais exister sans mes amis, sans les représentations... Nous répandons la joie autour de nous, nous avons déjà résolu des énigmes, secouru des personnes en danger. Le Cirque aux

Mystères puise sa motivation dans l'aventure, l'amitié...

Nous avons donc poursuivi nos activités.

Trois jours plus tard, nous trouvions l'une des nôtres morte sur son lit. Nous avons tous beaucoup regretté la perte de Kathy, la méduse au rire hypnotisant... C'était une compagne précieuse, intelligente...

Le lendemain, dans un autre monde, je trouvai, après une représentation, une seconde lettre sur mon bureau de travail. Je vous la lis : « Werner. Vous avez eu la preuve. Cessez toute représentation immédiatement. Vous me nuisez. Si vous persistez, vous perdrez un à un les membres de votre troupe et vous serez responsable de leur mort. »

Je ne voulais pas exposer les jours de mes fidèles amis. J'eus beau chercher à deviner qui pouvait nous en vouloir ainsi, je ne trouvai rien. S'agissait-il d'un autre voyageur dimensionnel ? D'un magicien jaloux de notre succès ? Impossible de le savoir. Aussi, écartelé entre la colère et la peine, je me résolus à convoquer les autres, à tout leur dévoiler.

Ils comprirent. Tristes, ils décidèrent de partir à l'aventure, chacun de leur côté.

Au moment où nous terminions notre discussion, un homme entra dans notre tente. Il portait une longue tunique écarlate, dont il venait de rabattre le capuchon sur ses épaules.

C'était un homme d'une trentaine d'années, au visage ovale surplombé de cheveux noirs. Ses yeux tout aussi noirs brillaient d'une lueur singulière. Impressionnants, ils dévoilaient une personnalité forte, nourrie d'expériences hors du commun. À regarder ce personnage, je devinais qu'il avait vécu une foule d'événements étranges. Ces connaissances se reflétaient dans tout son être et il brûlait d'un intense feu intérieur. Il déploya sa main droite devant nos yeux, la paume tendue vers le haut. Nous y aperçûmes un tatouage énigmatique. S'agissait-il d'une sorte inconnue de scolopendre, de la représentation d'une créature mythique ? Nous ne pûmes nous interroger plus longtemps, car déjà la main disparaissait dans les larges manches de la tunique.

« Le symbole des initiés », déclara l'homme. Puis, après un bref silence :

« Je me présente : Karl Masier. »

L'homme extirpa une longue pipe de bruyère de la poche intérieure de sa tunique. À l'aide d'un briquet d'argent, il l'alluma et une singulière odeur envahit la pièce.

À ce moment, je me rappelai subitement. Oui, Karl Masier ! Masier le chaman, célèbre pour avoir aidé un jeune voyageur dimensionnel, perdu dans un monde hostile, à combattre de multiples périls. Connu pour ses entrées saisissantes, Masier avait aidé tant de gens... Il surgissait toujours à un moment critique.

« Je vous connais, monsieur Masier », dis-je.

« Je sais, Hans. Vous connaissez mon activité chamanique soutenue. La nuit dernière, lors d'une transe effectuée pour questionner les forces de l'ailleurs, j'ai rencontré l'esprit d'un chaman mort depuis des centaines d'années. Les chamans discutent souvent avec d'autres esprits, humains ou non... Mon interlocuteur m'apprit que le sorcier Karlsehn fomentait un nouvel attentat. Je suis venu vous voir pour vous prévenir. Je ne vous accompagnerai pas dans votre mission, car je suis en ce moment sollicité par une autre affaire urgente. Mais je souhaite vous donner tous les détails nécessaires à l'accomplissement de votre tâche. »

À ce moment, une voix d'homme résonna derrière Marie.

— Je réglerai bien son compte à ce damné Masier un jour ou l'autre. Il ne cesse de me nuire.

Tous tournèrent la tête vers le nouvel arrivant. C'était un homme de haute taille, vêtu d'un manteau noir, le visage recouvert d'une barbe tout aussi noire, les yeux sombres.

— Qui êtes-vous ? demanda Hans, troublé.

— Que se passe-t-il, Werner ? rétorqua son interlocuteur. Tu es vexé de ne pas pouvoir lire mes pensées ? Je suis télépathe, moi aussi, et mon envergure surpasse la tienne, bien heureusement. Je suis Karlsehn, le sorcier. L'homme dont Masier vous a parlé. Je viens mettre un terme à vos ennuyeuses facéties.

Le directeur du cirque tenta d'affermir sa voix :

— Masier nous a prévenus, Karlsehn. Vous ne pouvez rien contre nous. Vous ne pouvez pas nous tuer, comme vous l'avez fait pour cette malheureuse Kathy. Elle veille sur nous, maintenant.

Marie, éberluée, écoutait cette conversation, plongée dans un profond désarroi.

— Je le sais, tonna le sorcier. L'âme de cette misérable veille sur vous et m'empêche de vous nuire, grâce à la complicité de je ne sais quelles puissances célestes. Ne me sous-estimez pas. Je suis en contact, moi aussi, avec les puissances de l'au-delà, et on m'a prévenu de ne pas essayer d'attenter directement à vos jours.

— Directement ?

— Vous avez bien compris.

Karlsehn fit volte-face, claqua des doigts et lança d'une voix autoritaire :

— Devius ! Ici !

Un colosse chauve au torse nu entra sur-le-champ, braquant ses yeux morts sur les adversaires de Karlsehn.

— Paralyse-les tous sans attendre.

Devius frappa ses deux mains, comme s'il applaudissait aux propos de son maître. Son geste produisit cependant un résultat inattendu : tous se sentirent pris, englués dans une substance invisible. Marie songea à Marius, le solidificateur de paysages. Avait-il fait la même chose au vieux Losfeld, tout à l'heure ?

Karlsehn poursuivait :

— Bien. Les pouvoirs de Devius sont effectifs pendant seulement une heure ; aussi, je ne m'éterniserai pas en explications, mais, plein d'une généreuse mansuétude, je condescends toutefois à vous donner quelques explications.
Masier vous a donc recommandé de rejoindre la jeune Marie, car son ami chaman lui a conseillé de vous transmettre cette suggestion. Insondables sont les desseins de la providence !

Il jeta un regard oblique à Marie, fit la moue.

— Personnellement, je ne serais jamais assez sot pour me fier à cette jeune écervelée. Enfin, on a les alliés qu'on mérite. Je vais maintenant vous apprendre mes motivations. Masier ne vous en a pas parlé, Werner. Il vous a seulement dit de rejoindre Marie Castel ici. Le destin devait tout régler à partir de cette rencontre. Eh bien, le destin, justement, je m'en charge.

Le Cirque aux Mystères sape mes pouvoirs. Chacune de ses représentations constitue un danger pour moi. En effet, parmi mes nombreuses activités, je suis directeur d'une usine de production du surnaturel. Mon entreprise fait fonctionner sans interruption des machines conçues pour produire partout dans le monde différentes manifestations occultes liées à mes pouvoirs de sorcier. Si jamais ces machines s'arrêtaient, de moins en moins de gens croiraient à la magie noire et cette vague de rationalisme minerait mon énergie... Je risquerais de retourner au néant, n'ayant plus raison d'exister, n'ayant plus personne pour me craindre, n'ayant plus aucune énergie pour me maintenir en vie.

Or, voilà deux mois, certaines machines se sont mises à s'emballer, à fonctionner de travers. J'ai contacté des initiés, lu des livres, et il appert que chaque représentation du Cirque aux Mystères dégage des ondes négatives qui perturbent le bon fonctionnement de mes engins.

C'est vous ou moi. J'ai choisi : moi. En conséquence, apprêtez-vous tous à faire un tour sur le carrousel pourpre.

En entendant ces paroles, Devius saisit Julius à bras le corps, et le transporta hors de la maison. Marie vit ainsi se succéder Hans, Marius et les autres membres du cirque. Le sorcier allait sans doute l'abandonner ici. La vie reprendrait, après cet incident inattendu.

Mais non ! L'homme aux yeux morts revenait, s'emparait d'Enrich, de Florence et de l'amnésique pour les conduire de force à l'extérieur.

Devant la maison, elle aperçut un immense carrousel d'un rouge violacé aveuglant. Il restait peu de places libres. Devius s'empressa d'attacher la jeune fille sur un cheval de bois au regard furieux. Près d'elle, une des membres du Cirque aux Mystères, une belle femme aux longs cheveux noirs et bouclés, les mains emprisonnées dans des gants de fer, jetait un regard inquiet vers le sorcier. Ses yeux vert émeraude scintillèrent.

— Bien, dit Karlsehn, la main sur un levier. Je vous envoie dans les mondes souterrains. Comprends-moi bien, fantôme de Kathy : je n'attente pas directement aux jours de tes amis en agissant ainsi. Je les envoie ailleurs, c'est tout. Certes, il s'agit d'un ailleurs d'où ils ne reviendront pas, sans doute. Mais tu ne peux m'en empêcher.

Le sorcier abaissa le levier.

Une musique lancinante s'éleva et le carrousel se mit à tourner de plus en plus vite. Marie, étourdie, ferma les yeux. Le cœur au bord des lèvres, elle s'efforçait de se calmer. Elle se sentait mal, près de l'évanouissement quand tout s'immobilisa soudain.

Le carrousel avait disparu.

Ils se trouvaient tous dans une petite salle blanche, éclairée par une ampoule nue, pendue au plafond. Au milieu de la pièce trônait une roue de loterie de dimensions modestes. À quelques mètres de là, une porte noire fermée semblait inviter les victimes de Karlsehn à s'en aller.

— Je n'ose pas le croire, gronda Werner en frottant son crâne. Il nous a expédiés dans les mondes souterrains ! Comment pouvons-nous espérer sortir d'ici un jour ?

— Bah ! Ne t'en fais donc pas, Hans, murmura Julius, tout près de lui. Nous réussirons, j'en suis sûr. J'ai entendu à maintes reprises des récits narrant les aventures de prisonniers qui...

— Où sommes-nous donc ? demanda Marie d'une voix pâteuse.

Elle jeta un coup d'œil à Florence, près d'elle. La poupée gisait, inerte. Avait-elle regagné son statut d'objet inanimé, dans ce monde-ci ? Enrich, pourtant, bougeait toujours.

Une femme aux longs cheveux noirs s'approcha de Marie. Celle-ci reconnut la belle dame aux yeux d'émeraude et aux mains gantées de fer, sa compagne d'infortune lors du voyage sur le carrousel pourpre.

— Bonjour, dit-elle. Je m'appelle Karianne. Tu n'es pas trop secouée ?

— Non... ça va. Ma tête tourne un peu, mais je devrais m'en remettre bientôt.

— Karlsehn nous a envoyés très loin sous terre, là où se trouvent d'étranges mondes, reprit Julius. Il nous suffit d'en traverser un nombre suffisant pour atteindre la zone intermédiaire. Cette zone est une sorte de vestibule où nous devrons répondre à une dernière question afin de pouvoir regagner la surface. Nous pouvons nous attendre à tout, ici.

Le problème est le suivant : pour sortir de chaque monde, il faut triompher d'une épreuve, qui se présente souvent sous la forme d'une énigme à résoudre...

— Et si nous triomphons ? Le sorcier ne pourra-t-il revenir et nous replonger encore dans cet univers ? objecta Marie.

— Si nous triomphons, tonna Hans, tu peux être sûre que Karlsehn entendra parler de moi. Je ne me laisserai pas bêtement posséder sans réagir.

— D'autant plus, gémit Marius, qu'il me suffisait de solidifier Karlsehn pour le vaincre. Une fois le sorcier immobilisé, Devius n'aurait rien tenté, et nous aurions pu les mettre hors d'état de nuire, lui et son maître.

— Peu importent les suppositions, nous devons faire face, maintenant, décida le directeur du cirque. Marie, es-tu capable de te télétransporter hors d'ici ?

Marie s'assit à même le sol, se concentra. Rien. Aucune vibration. Ses dons étaient paralysés. La jeune fille adressa une mimique déçue à ses amis.

— Les pouvoirs de certains d'entre nous risquent d'être annihilés par le flux d'énergie magique propre à cet endroit, expliqua Hans.

Marie aperçut alors une feuille de papier pliée en quatre, au pied de la roue de loterie. Elle portait l'inscription : « Consignes ». Marius la vit aussi et s'en empara. Il lut à voix haute :

— « Vous venez d'entrer dans les mondes souterrains. Vous devrez en franchir un certain nombre pour atteindre la sortie. Pour en connaître le nombre, tournez la roue. Le chiffre obtenu vous renseignera. »

Julius s'avança vers son frère.

— Afin de nous donner toutes les chances possibles, je vais épurer cet endroit de toutes ses ondes négatives. Ainsi, nulle force adverse n'entravera la bonne marche de cet appareil.

Il fixa le vide pendant un long moment, puis son fouet claqua. Marie crut entendre un bruit d'explosion ténu.

— Voilà ! triompha le dompteur. À présent, tourne la roue, Julius.

Le solidificateur de paysages s'exécuta. Les nombres se succédaient devant les regards inquiets : 120, 54, 25, 12, 6...

Le dernier chiffre, le 2, approchait... Il ne fallait surtout pas franchir cette frontière fatidique, car on retombait immédiatement sur le nombre 120. Or, 120 mondes à parcourir auraient signifié un trajet risqué et très long pour revenir au point de départ.

5... 4... 3...

— Deux ! Deux ! s'écria Hans, fou de joie.

Il bondit vers Julius, l'étreignit avec bonheur.

— Merci, merci ! Tu es responsable de notre succès, j'en suis sûr.

Modeste, le dompteur murmura :

— C'est tout naturel... Et puis, après tout, une coïncidence peut toujours se produire.

— Une coïncidence ! lança Marius. Allons, ne sois pas si humble.

— Mon humilité est sans doute héréditaire, rétorqua Julius en adressant un clin d'œil à son frère.

Hans se remit peu à peu de son émotion. Il respira enfin plus calmement, puis décida :

— Ouvrons cette porte sans plus attendre. Mais préparons-nous tous à être étonnés...

5

ACCORDS FANTÔMES POUR SPECTRES MUSICIENS

Ils franchirent le seuil et, aussitôt, se sentirent inexplicablement attirés par une envoûtante musique. Marie songea aux sirènes des légendes, capables de perdre les marins par leur chant aux vertus magiques.

La porte d'entrée se referma en claquant derrière eux et se fondit dans le mur. Désormais, nul ne pouvait plus revenir en arrière. Tous s'en rendirent compte sans trop s'émouvoir. Cet événement s'inscrivait dans la logique de ce monde souterrain, et l'air saturé de sons hypnotisants empêchait le groupe de penser.

Les voyageurs se trouvaient visiblement à l'entrée d'une ville. Une pancarte, clouée à un bâton de bois planté dans le sol, proclamait : « Bienvenue dans la ville

de la musique-fantôme. Ici résonnent toutes les mélodies oubliées, jamais écrites, ignorées ou inconnues. Ici règnent la symphonie du trépas et les musiciens de l'au-delà. »

— Singulière entrée en matière, marmonna Marius.

— Je me concentre, mais je ne perçois aucune pensée, hormis les vôtres, répondit Werner.

Le groupe avança dans la seule rue de l'endroit, déserte. Partout autour d'eux, d'innombrables maisons aux volets clos semblaient former un village-fantôme. Les demeures s'alignaient, si proches les unes des autres qu'on les aurait facilement cru soudées ensemble. Mais d'où provenait la musique lancinante ?

Plus les compagnons avançaient, mieux ils entendaient des sonorités claires et fortes. Bientôt, ils parvinrent devant l'escalier de marbre d'un bâtiment massif. Sur une plaque de bronze scellée à même le sol, ils lurent : « Salle de concertrépas ».

— Allons-y, décida Hans. Je ne perçois aucune vibration négative dans les environs.

Tous se résolurent à suivre ce conseil d'un homme avisé.

Ils franchirent un grand portail et pénétrèrent dans une salle aux proportions gigantesques, démesurées même par rapport à l'impressionnant aspect extérieur de la bâtisse.

À plusieurs mètres de l'entrée, sur une scène éclairée par une lumière verte tamisée, jouait un étrange orchestre. Dirigé par une momie aux gestes énergiques, un groupe hétéroclite de musiciens interprétait consciencieusement cette musique répétitive et fascinante. Un important groupe de squelettes jouait du xylophone sur leurs os, cinq fantômes vêtus de suaires et parés de chaînes chantaient un air mélancolique, des crânes volants pinçaient les notes de guitares acoustiques amplifiées par des os creux et résonnants. Plus en retrait, une contrebasse jouait seule, comme mue par un artiste invisible. Des violonistes aux robes violettes tiraient de douces sonorités de leurs instruments en forme de cercueil, des os servaient de flûtes à sept jumelles aux longues nattes noires et au visage d'une pâleur excessive.

À l'extrême gauche, les touches d'un piano à queue noir s'enfonçaient toutes seules.

— Il y a même des esprits frappeurs concertistes ! s'exclama Julius.

Malgré l'étrangeté de la scène, Marie sentit la musique la toucher droit au cœur. Une pureté indicible en émanait, la nostalgie poignante des victimes d'un injuste oubli, une spontanéité sincère, toute en retenue et en subtilité, malgré sa grande expressivité.

Près de la jeune fille, Hans se concentrait, essayant visiblement de contacter télépathiquement l'un des musiciens. En vain.

Puis, la pièce s'interrompit brusquement.

Le chef d'orchestre se retourna sans précipitation, braqua ses yeux sur les spectateurs. Marie y lut une tristesse profonde et elle en fut d'autant plus troublée. D'une voix rauque, la momie leur dit :

— Comme j'aimerais vous aider, mes amis ! Mais je n'en ai pas le droit... N'essayez donc pas de me parler, vous risqueriez de mettre en danger ma vie et celle de mes concitoyens. Écoutez cette pièce, *La symphonie du néant perpétuel*. Peut-être saura-t-elle vous inspirer. Je vous remercie de votre compréhension.

Sur un signe, l'orchestre reprit son interprétation de la partition inconnue. Perplexes, les voyageurs demeurèrent un temps dans la salle. La beauté de la musique les incitait à ne pas bouger. Le premier, Hans rompit le charme, tirant ses compagnons de leur torpeur :

— Allons ! décida-t-il. Il faut sortir. Si nous restons ici, nous ne quitterons jamais cette ville.

Une fois revenus dans la rue, tous se consultèrent. Ils s'entendirent sur l'inutilité de s'adresser à la momie. Elle leur refuserait toute forme d'aide, et passer outre à son avertissement équivalait à plonger la ville dans le chaos. Il convenait donc de chercher une autre façon de résoudre l'énigme posée par ce premier monde souterrain.

Tout en discutant, le groupe arpentait la rue principale. Au bout d'un certain temps, Marie éprouva une curieuse impression. Ces maisons, tout autour d'elle, se ressemblaient tellement ! Leur succession créait à la longue un effet hallucinatoire inquiétant, comme si la jeune fille évoluait dans le même décor figé, comme si elle se trouvait prisonnière d'un paysage cyclique, d'une boucle spatiale sans fin. Près d'elle, Julius s'agitait de plus en plus. Il finit par s'écrier :

— C'est incroyable ! Nous passons devant cette demeure pour la troisième fois !

— Tu viens seulement de t'en rendre compte ? demanda Werner, sans ironie. Oui, je voulais m'en assurer avant de statuer sur la situation, mais j'en suis certain maintenant : cette ville, ce village plutôt, compte, tout au plus, une vingtaine de maisons. Elles sont collées les unes aux autres, vous le voyez... On ne peut pas non plus sortir d'ici en essayant d'atteindre le bout de la rue. Peut-être un passage secret se dissimule-t-il dans l'une de ces demeures ? Nous allons les visiter, en espérant trouver une réponse à nos questions.

Karianne s'approcha de Marie.

— Tu vas mieux, maintenant ? demanda-t-elle.

L'amnésique hocha la tête en signe d'assentiment et, dans un geste spontané, tendit la main vers elle. Karianne demeura immobile.

— J'aimerais te serrer la main, mon amie, expliqua-t-elle, mais je risquerais de te blesser avec mes gants de fer. Si je les enlève, ce sera encore pire. Les membres du Cirque aux Mystères possèdent tous une singularité, tu t'en souviens ? La mienne réside dans mes mains. Si je les pose sur quelque chose, sur quelqu'un, elles le brûlent, car un acide puissant s'en dégage aussitôt. C'est ma malédiction ou ma chance, car ce don inusité m'a plusieurs fois tirée de mauvais pas.

— Pourquoi n'avez-vous pas utilisé ce pouvoir pour vous détacher, quand vous étiez prisonnière de Karlsehn ? demanda la jeune fille.

— As-tu oublié la manière dont s'est déroulé notre enlèvement ? Comme mes compagnons, j'ai été surprise par l'entrée en matière du sorcier... Tous pris au dépourvu, nous l'avons laissé parler. Puis Devius nous a paralysés. Réduits à l'impuissance, nous ne pouvions plus nous défendre. Allez, entrons maintenant.

Marie suivit sa nouvelle amie dans la première maison. Même si les caractéristiques particulières de ce village l'avaient préparée à ce genre de surprises, elle découvrit avec étonnement l'ameublement de l'endroit.

Tout était noir et blanc, comme une partition musicale. Autour d'elle, chaque objet se rapportait à la musique d'une façon ou d'une autre. La jeune fille vit des tables et des chaises en forme de notes. Les poignées des portes présentaient l'allure de clés de sol ou de fa. Les oreillers, dans les lits, affichaient des formes rondes et blanches. Les bibliothèques regorgeaient de partitions musicales. Quand on marchait sur le plancher, différents sons retentissaient, et les visiteurs ahuris jouaient des mélodies insolites au fil de leurs déambulations dans les pièces.

Cependant, une constante étrangeté rappelait aux explorateurs la nature spectrale de l'endroit, née de la conjonction entre musique et trépas. Un vibrato fantomatique troublait les sons produits par les pas sur le plancher ; des titres évocateurs ornaient les tranches des volumes reliés en cuir noir : *Nocturnes en frayeur majeure, Concert-os pour fémurs diatoniques, Opériras apocalyptiques*... La liste se succédait devant les yeux étonnés de Marie. Plus loin, la promeneuse découvrit un imposant piano à queue. L'instrument se composait d'un immense crâne dont on devait utiliser les dents en guise de touches, et des vertèbres servaient de pédales. Une carapace de tortue géante peinte de dessins ésotériques faisait office de banc.

Comment découvrir la solution au sein d'un tel foisonnement de symboles et de signes reliés à la musique ?

Découragé, Julius rejoignit Marie en grondant :

— Comment nous y prendrons-nous ? C'est impossible.

— Tu ne peux donc pas dompter cette atmosphère ? demanda la jeune fille à tout hasard.

Cette question sembla irriter Julius. D'une voix pleine de colère à peine contenue, l'homme répondit :

— C'est inutile ! J'ai essayé. Rien à faire... Il m'est impossible d'agir sur ces ondes. Toi, Karianne, pourquoi n'essaies-tu pas de faire fondre le plancher ?

— Inutile. Il n'y a pas de souterrains ou de couloirs dérobés ici, trancha un petit homme moustachu vêtu d'un smoking, coiffé d'un chapeau melon, doté d'une voix puissante.

Marie posa son regard sur lui. C'était le dernier membre du Cirque aux Mystères. Elle l'avait entrevu sur le carrousel pourpre sans trop y porter attention, alors sollicitée par les événements.

— Si Joziak le dit, c'est sans doute vrai, gronda Julius.

Il s'éloigna, suivi du petit homme.

— Joziak ? demanda Marie, intriguée.

— C'est une sorte de voyant. Il perçoit certaines réalités cachées. Son intuition ne ment jamais. Hélas, il n'exerce aucun contrôle sur son don. Parfois, des pressentiments, des prémonitions ou des visions extraordinaires l'assaillent. En d'autres occasions, on ne doit pas compter sur lui.

— Bien. Il ne semble pas très empressé de nouer des liens d'amitié avec moi, remarqua Marie. J'ai voulu le saluer, mais il n'a pas daigné me regarder.

— Le poids d'une triste histoire pèse sur Joziak. Depuis la mort de Carline, son épouse, voilà plusieurs années, il est devenu triste et soupçonneux. Il se méfie de tous. Il redoute de s'éprendre d'une femme et de la perdre à nouveau. Il prétend s'entretenir régulièrement avec Carline. Celle-ci le somme de venir le rejoindre dans l'autre monde, mais ce pauvre Joziak hésite, ne s'arme pas du courage nécessaire pour passer aux actes, craint une quelconque punition céleste s'il attente à ses propres jours. Mais suivons les autres, à présent.

La porte d'entrée venait en effet de se refermer sur Marius, pressé de visiter la maison suivante. Il déchanta bientôt. À l'entrée de la demeure voisine, il dit à Marie et à Karianne :

— Inutile d'entrer ici. L'intérieur de ce lieu est une copie conforme du précédent. Joziak vient de le confirmer, toutes les maisons de ce village sont identiques. Hans a voulu s'en assurer, mais, Karianne, tu le sais comme moi, les visions de Joziak ne mentent jamais.

— Eh bien... Qu'allons-nous faire, maintenant ? demanda machinalement la femme gantée.

— Je ne sais pas... Réfléchir, comme moi.

Marie s'adossa au mur de la maison. Elle ferma les yeux et tenta de raisonner. Comment résoudre le problème ? Elle avait beau ressasser ses connaissances en musique, elle ne parvenait pas à trouver une solution convaincante. Elle songea à la situation. Elle avait tendance à l'oublier, mais il s'agissait pourtant là d'une donnée essentielle du problème : elle et ses compagnons étaient perdus dans la ville de la musique-fantôme. La réponse alliait donc musique et spectres.

Soudainement inspirée, la jeune fille songea aux partitions-fantômes. Et si elle les appelait à son aide ? Il suffisait sans doute de se concentrer. Les partitions ne pouvaient lui refuser ce remerciement pour ses bons services prodigués quotidiennement, au temps de son séjour au cimetière.

La jeune fille adressa une prière toute simple :

— Mes amies, voulez-vous me secourir comme je vous ai aidées naguère ?

Tout de suite, Marie entendit une voix dans sa tête. Elle n'aurait su expliquer comment, mais il s'agissait d'une voix silencieuse, capable de lui transmettre une connaissance spontanée, formée de silence et de secrets. Ce fut une véritable révélation, en marge de la logique.

« ABCDEFG, Marie, dit une voix. Sept est un chiffre magique, tous le savent. C'est pourquoi nous pouvons t'éclairer, mais seulement grâce aux sept premières lettres de l'alphabet, aux sept premiers chiffres (qui peuvent être combinés pour former un nombre) et aux sept notes de la gamme. Résous l'énigme suivante et tu sauras comment sortir de cet endroit. »

Sur la première page d'Enrich, les symboles suivants s'inscrivirent :

1-si
c-10-ff-1-c-1-la
2 éc-0-ut-e
Sol-la-si-0
cad0 c0-ce-r(é)

La voix reprit, dans la tête de Marie :

« Nous consentons à te donner un indice : la solution se terre là où le signe sert parfois de leurre. Bonne chance, Marie. Nous ne pouvons t'en dire plus, mais tu triompheras sûrement. »

La jeune fille s'empressa de courir vers Hans. Le directeur du cirque semblait harassé. Il prêta néanmoins une grande attention aux propos de son amie.

— Réunissons-nous ! tonna-t-il. Nous trouverons bien quelque chose.

Ils s'installèrent à même le sol. Tout en caressant les cheveux de Florence toujours inanimée, Marie réfléchissait.

— C'est une sorte de rébus, je n'en doute pas, exposa Marius. Essayons de le décrypter. Première ligne : un-si... Cela signifie probablement : ainsi. La prononciation des rébus est toujours plus ou moins proche de la véritable phonétique des mots. Deuxième ligne : c'est 10, ff, un, c'est un la. Je ne comprends pas. Ensuite : Deux-éc-zéro ut-e... Qu'est-ce que cela peut bien vouloir dire ?

Découragés, tous relurent les phrases. Décidément, résoudre cette énigme ne s'annonçait pas une mince affaire. Ils s'acharnèrent sur les premières lignes, proposant en vain diverses interprétations.

Puis, après un long moment de silence, Marius murmura :

— Sol la si zéro... Cad... Cadeau ?

— Oui ! Oui ! C'est cela, s'écria Julius, soudain enthousiaste. Je comprends ! C'est incroyable, tu viens de trouver la clé de l'énigme sans même déployer d'efforts ! Tu as laissé parler ton sixième sens !

Tous se tournèrent vers le solidificateur de paysages, attendant une explication.

— Souvenez-vous des propos des partitions : « la solution se terre là où le signe sert parfois de leurre »... Comprenez-vous cette phrase ? Qu'est-ce qu'un leurre ? C'est une tromperie... Un objet utilisé pour en représenter un autre, par exemple. Les partitions ont donc pu tricher, et le signe « 0 » peut aussi bien désigner la lettre « o » que le chiffre zéro... Cadeau. Regardez la première ligne. 1-si. Le un a pu être utilisé pour symboliser un i, auquel il ressemble. Nous avons donc : ici.

Deuxième ligne : c-10-ff-1-c-1-la... C'est di-ff-i-c-i-la... C'est difficile ! Ensuite : De écoute... Sol-la-si-0... Solatio...

— Solution ? proposa Karianne.

— Sans doute... La solution vient donc après cette ligne. Cadeau... Coceré...

— J'avoue ne pas saisir le dernier mot, reprit Karianne.

— C'est pourtant primordial ! tempêta Joziak, soudain animé. La solution... Révisons le début : Ici, c'est difficile de écoute... Donc : « Ici, l'écoute est difficile » ou « Ici, c'est difficile d'écouter ». Solution : cadeau... Coceré... Ah ! Je n'y comprends rien.

— Pourquoi l'écoute est-elle difficile ici ? Dans cette ville de musiciens, le contraire devrait pourtant prévaloir, énonça Karianne, soucieuse de comprendre la logique de l'énigme.

— Il n'y existe qu'un orchestre, suggéra Marie. Ses membres sont condamnés à s'écouter eux-mêmes, mais leur tâche les empêche de pleinement apprécier la musique, car ils doivent se concentrer sur la qualité de leur jeu. Ils ne se délassent donc pas et sont privés du plaisir des mélomanes.

— Cela me semble très sensé, approuva Hans. La solution résiderait en un cadeau... C0ceré. Qu'aux seré ? Qu'on serait ?

— La dernière lettre figure entre parenthèses. On peut donc lire deux interprétations de cette phrase, avança Karianne. C0-ce-r... Qu'on serait ? Concert ? Oui ! Un concert... Un concert qu'on serait... Le cadeau, c'est nous-mêmes !

— Tu veux dire... commença Werner, mais il ne put terminer sa phrase, interrompu par un cri de Joziak :

— Un concert qu'on serait ! Nous devons donner un spectacle aux musiciens de cette ville. Je comprends tout... Ces gens adorent la musique, mais n'ont pas assisté à un concert depuis très longtemps sans doute. Si on leur accorde cette joie, nous pourrons quitter leur ville. Mais cela doit être un cadeau, une surprise. Nous devrons répéter en secret.

— Quand ? demanda Marie.

— La nuit ! Lorsque les habitants dorment.

— En espérant qu'ils dorment, gronda Marius.

Le voyant ne s'était pas trompé. Après quelques heures, le silence s'abattit sur les lieux. Les voyageurs se rendirent à la salle de concertrépas, le seul bâtiment différent des maisons de la ville. Ils le trouvèrent vide.

— Où sont-ils partis ? s'enquit Marie.

— Ce sont des fantômes, chuchota Joziak, s'adressant pour la première fois à l'amnésique. Peut-être se reposent-ils dans une autre dimension. Ils sont soumis à des lois différentes des nôtres. Ne cherchons pas à comprendre l'incompréhensible. Installons-nous plutôt.

— Un instant, mes amis, lança Hans. Si nous voulons surprendre les habitants de cette ville, il convient de ne pas jouer cette *Symphonie du néant perpétuel* qu'ils entendent chaque jour. Allons plutôt dénicher une autre partition dans une maison.

— Je vais y aller, décida Julius. Demeurez ici.

Hans se nomma chef d'orchestre. Il extirpa une baguette magique d'une poche intérieure de sa chemise.

— Malgré les fortes ondes magiques de cet endroit, je parviens à lire dans vos pensées. Je pourrai juger aisément de la cohésion du groupe.

Tous attendirent le retour du dompteur d'atmosphère pour choisir leurs instruments.

Celui-ci revint bientôt, porteur d'une partition intitulée *La reine de l'automne.*

— Cinq instrumentistes sont requis, affirma-t-il. Piano ?

— Je veux bien essayer, choisit Marie.

— Flûte ?

— Moi, décida Karianne.

Julius opta pour les percussions, Marius pour la contrebasse, Joziak pour le violon.

— Parfait, dit Hans avec un sourire. Nous jouerons cette partition à l'envers, en commençant par la fin.

Tous acquiescèrent. Cette manière de procéder se justifiait à leurs yeux, compte tenu de leur situation et du public peu commun à venir.

— Julius, Marius et Joziak ne possèdent aucun rudiment de musique. Heureusement, mon père, chanteur d'opéra célèbre, m'enseigna jadis cet art noble. Grâce à mes connaissances, je guiderai mes trois amis. Karianne, tu n'auras pas besoin de moi, nous connaissons tous tes talents. Marie, tu vas bientôt découvrir l'un de tes nombreux dons, inculqués avant ton arrivée au cimetière. Je perçois déjà l'étendue de ton potentiel.

Bien. Le temps presse, n'attendons plus et commençons. Un, deux, trois, quatre...

Le quintette entama la pièce. Il la joua sans s'arrêter, sans accrocs ou erreurs, du premier coup. Au terme des soixante minutes de *La reine de l'automne*, Hans, essoufflé, ne put retenir son enthousiasme :

— Mais nous sommes déjà prêts ! C'était une exécution parfaite ! Il nous suffit de jouer deux compositions de cette durée et nous pourrons donner un concert aux fantômes. Marius ! Va chercher une autre partition.

Malgré une certaine fatigue, le solidificateur de paysages obéit. Il revint bientôt avec la *Symphonuit de brouillard*. Encore une fois, les musiciens électrisèrent Hans par leur interprétation.

— Excellent ! s'écria enfin le chef d'orchestre. Prenons une pause de trente minutes ! Retrouvez-moi ensuite ici. Par sûreté, nous nous exercerons une seconde fois. Ce sera notre répétition générale. Si tout se déroule bien, nous pourrons quitter cet endroit demain matin, après notre concert.

Étonnée par la facilité de cette mission, Marie se réjouissait de triompher si aisément de l'épreuve assignée. Elle se promena avec Karianne, dont elle appréciait de plus en plus la sensibilité et le sens de l'émerveillement.

— Nous jouons avec beaucoup de virtuosité, c'est vrai, commentait la femme aux longs cheveux noirs. Les fluides musicaux dont ce village est empreint nous inspirent. Je me sens heureuse de faire un geste capable d'apporter le bonheur aux habitants de cet endroit.

Un silence impressionnant pesait sur la rue. Calmes, les deux amies déambulèrent sans plus parler. Entre elles, une complicité muette s'installait. La conversation devenait superflue.

La demi-heure s'écoula vite et le groupe se retrouva dans la grande salle. Hans éprouva encore une satisfaction visible.

— Magnifique ! À présent, reposons-nous un peu avant le retour des fantômes. Mais tenons-nous près de nos instruments. Nous ignorons quand les spectres reviendront. Le concert débutera dès leur entrée ici. Enrich, peux-tu servir de programme ? Es-tu capable de séparer tes feuilles et de les placer un peu partout dans la salle ?

Oui, inscrivit le cahier en lettres géantes sur la première page.

— Très bien. Tu es capable d'écrire des notices biographiques, fictives ou non, des musiciens ici présents, et quelques commentaires critiques sur les pièces entendues ?

Certainement, acquiesça Enrich.

Il se mit à l'œuvre et Marie ne put s'empêcher de lire quelques phrases du premier feuillet d'une page pliée en quatre :

Le quintette « Notes Noires » existe depuis l'éternité. Formé d'interprètes talentueux, il a comblé les publics les plus exigeants. Parmi leurs prestations les plus célèbres, retenons un passage remarqué au château du Baron Samedi et une session d'Halloween au studio des Pendus de la Treizième Heure (enregistrement disponible sur étiquette « Au seuil du vide »).

L'inventivité d'Enrich amusa la jeune fille. Les autres feuillets, dispersés aux quatre coins de la salle, se remplissaient à la même vitesse de caractères d'imprimerie stylisés.

— Les voilà ! souffla soudain Hans en se retournant vers ses compagnons.

Un moment d'hésitation troubla le groupe. Devait-on commencer tout de suite ? Fallait-il laisser aux fantômes le temps de s'installer ? Si Marie et ses amis attendaient, risquaient-ils de se voir déloger de la scène ?

L'attitude des spectres les rassura bientôt : respectueux, ils se déployèrent dans la salle de concert. Ils ne semblaient pas s'étonner de ce spectacle préparé pour eux. Ils agissaient comme s'ils se présentaient de plein gré à une activité prévue de longue date. Werner choisit de laisser le temps à son public de prendre place, de jeter un coup d'œil au programme. Puis, jugeant qu'un délai suffisant s'était écoulé, il adressa un regard inquisiteur au quintette. Satisfait de son examen, il leva la main droite et la musique emplit aussitôt la salle de concertrépas.

Comme dans un rêve, Marie laissait ses mains courir sur le clavier. Elle se surprenait elle-même. C'était si facile ! Elle jouait avec aisance, telle une pianiste expérimentée. Plongée dans un état second, la jeune fille éprouvait l'impression de se dédoubler. Elle appuyait sur les notes, certes, mais il lui semblait aussi qu'une force extérieure utilisait ses mains comme un marionnettiste manipule un pantin.

Hors du temps, l'amnésique ne pouvait déterminer si la pièce tirait ou non à sa fin. Elle tournait les pages de sa partition sans s'arrêter de jouer, par le seul pouvoir de sa volonté. Sans s'en rendre compte, elle recourait en effet à ses pouvoirs télékinésiques, réveillés par l'intensité de ce moment.

Puis, tout à coup, ce fut le retour à la réalité. Les applaudissements fusaient, des fantômes se levaient, emballés.

— Très bien ! déclara Hans, épuisé mais souriant. J'ignore si nous devons nous arrêter ou non. Laissons aux spectres le soin de décider.

Dans la salle, le silence retomba peu à peu. Le public ne souhaitait pas profiter d'une pause, mais plutôt se replonger dans les délices du concert.

Sans hésiter, le directeur se plia aux volontés des mélomanes d'outre-tombe.

Il leva sa baguette magique et les musiciens entamèrent la *Symphonuit de brouillard*. Encore une fois, Marie se sentit plongée dans un autre monde. Elle crut voyager sur la musique, courir sur les notes, se livrer à de périlleux exercices de funambule sur la corde raide d'une portée fragile. Ce filet de sécurité auquel elle s'accrochait tout à coup, n'était-ce pas un dièse égaré dans la partition ? Cette balançoire où Marie tournoyait n'était-elle pas un legato ?

De rêve en rêve, d'images en aventures, la jeune fille vivait la musique, l'incarnait, devenait une véritable allégorie du concert.

Une seconde fois, elle eut l'impression d'être tirée du sommeil. Un moment de silence l'éveilla, aussitôt interrompu par une salve d'applaudissements. C'était dit : les fantômes avaient apprécié l'intégralité de la prestation et manifestaient leur bonheur. Certains montaient sur leurs sièges, d'autres lançaient des « hourras ! » émus. D'autres encore couraient vers la scène pour acclamer les musiciens. Cependant, malgré toute leur bonne volonté, la plupart ne parvinrent pas à toucher les membres du quintette en raison de leur immatérialité.

La momie chef d'orchestre aperçue lors de leur arrivée dans la ville vint leur serrer la main. Elle essuya une larme mouillant ses bandelettes humides et dit :

— Bravo ! Vous avez passé l'épreuve d'une manière si élégante ! Je le savais. Dès la première minute de votre arrivée, je me suis réjouie pour vous. Mais, à présent, il vous faut vite emprunter le passage ouvert grâce à votre habileté.

Le chef d'orchestre pointa sa main couverte de bandages vers le piano.

Marie et ses amis regardèrent dans cette direction. Ils découvrirent, au milieu de l'instrument, en lieu et place de la table d'harmonie, un escalier descendant vers de nouvelles profondeurs.

— Dépêchez-vous ! reprit le chef d'orchestre. Le temps presse. La brèche se refermera bientôt. Merci encore pour votre beau cadeau. Nous en avions tant besoin ! Mais filez vite, vite !

D'une main énergique, il poussa les voyageurs vers le piano. Hans fermait la marche. Une fois engagée dans l'escalier obscur, la jeune fille l'entendit saluer les habitants de la ville. Puis le silence succéda aux clameurs des fantômes.

— La brèche vient de se refermer. Le chef d'orchestre avait raison, constata le télépathe. Au-dessus de ma tête, je vois un plafond, à présent.

Autour des voyageurs, les murs brillaient d'une curieuse lumière verte.

Marie, baignée dans cette atmosphère troublante, demanda à Karianne :

— Nous devons remonter à la surface. Pourquoi descendons-nous ?

— Ne t'inquiète pas. L'inversion s'inscrit dans la logique même des mondes magiques. Nous montons vers la sortie, tout en descendant. C'est ainsi. Souvent, les lois surnaturelles fonctionnent dans le sens contraire de la rationalité.

Marie n'eut guère le loisir de méditer longuement ces paroles, car, devant elle, Marius s'écria :

— Une porte ! Nous voilà déjà devant l'entrée du second territoire !

— Allons-y, décida Julius, devant lui, en poussant le battant.

6

APOCALYPSE CHEZ LES LITTÉRATEURS DE L'OMBRE

Les voyageurs franchirent le seuil et, aussitôt, entendirent un vacarme de voix nerveuses, agitées.

La porte d'entrée se referma en claquant derrière eux et se fondit dans le mur, comme celle donnant accès à la ville de la musique-fantôme. Aussi, personne ne s'en étonna.

Les voyageurs se trouvaient visiblement à l'entrée d'une ville. Une pancarte, clouée à un bâton de bois planté dans le sol, proclamait : « Bienvenue dans la ville des romans-fantômes. Ici s'alignent toutes les phrases oubliées, jamais écrites, ignorées ou inconnues. Ici règnent la littérature du trépas et les écrivains de l'au-delà. »

— Hum ! ce texte me rappelle celui des musiciens-fantômes, marmonna Marius.

— C'est juste, approuva Karianne. Il faut sans doute y reconnaître la manifestation des liens entre ces différents mondes.

— Encore une fois, je ne perçois aucune pensée, hormis les vôtres, indiqua Hans. C'est dommage. Il y a certainement un brouillage mental instauré en ces lieux pour rendre notre mission plus difficile.

À ce moment, chacun testa ses pouvoirs. Marie et Julius ne parvinrent à rien. Marius put solidifier un insecte, posé sur une roche. Joziak, comme d'habitude, ignorait s'il pourrait se fier à ses visions. Karianne, enfin, constata que ses mains s'avéraient toujours redoutablement efficaces.

— Notre situation n'est pas trop malaisée, souffla la femme aux yeux verts.

Le groupe avança dans une rue remplie de promeneurs fébriles, éclairés par de puissants réverbères. Une agitation indescriptible secouait tous ces personnages et Marie ne pouvait s'empêcher d'être curieuse quant à l'origine de toute cette activité.

Elle saisit des bribes de conversation :

— Mes enfants deviennent fous, gémissait un homme au visage blême, vêtu d'un complet vert.

— Et ma femme, alors, répondait son compagnon, habillé de façon similaire.

Près de Marie, Werner s'immobilisa. Regardant ses amis, il dit :

— Nous devons interroger ces gens sur la cause de leur malheur. Vous vous en doutez, notre mission ici consiste probablement à les aider, à lever le joug qui pèse sur eux.

Le directeur du cirque se tourna vers un passant et le héla :

— Monsieur, monsieur...

L'homme, un quadragénaire vêtu d'un suaire, tourna vers lui des yeux empreints de souffrance.

— Je n'ai pas le temps de bavarder, hélas ! laissa-t-il tomber d'une voix morne.

— Nous voulons vous secourir. Nous sommes des voyageurs venus d'ailleurs... Une malédiction s'est-elle abattue sur votre ville ?

— Ah, si vous saviez, si vous saviez...

— Mais justement, nous voulons savoir. Que se passe-t-il ici ?

— C'est la muse hantée, le paratonnerre imagier, l'hallucinarbre... Vide, il est vide !

Des larmes de détresse coulèrent sur les joues de l'homme au suaire. Hans s'efforça de ne pas en tenir compte. Il reprit :

— Je ne comprends pas, monsieur. Nous n'habitons pas ici. Nous souhaitons vous apporter notre appui, mais nous devons comprendre votre situation pour pouvoir agir.

— À quoi bon ? Nous avons tout essayé. Tout. Il n'y a plus rien à faire. Nous sommes condamnés. Les habitants de cette ville s'éteindront sous peu.

Redoutant de perdre un temps précieux, le directeur du cirque alla droit au but en demandant :

— Qui dirige cet endroit ?

— Le vieux Palissier. Mais c'est inutile de chercher à le rencontrer. Il est débordé. Je ne vois pas comment...

— Où pouvons-nous le joindre ? interrompit Hans.

— Aux éditions des Treize pages noires, mais...

— Où se trouve cet endroit ?

— Au bout de la rue. Vous ne pouvez pas le manquer, il y a une gigantesque plaque noire, juste en face. Mais je vous le répète, vous vous démenez en vain, vous ne pourrez rien changer à notre triste histoire.

— Nous verrons bien. Merci du renseignement.

Le groupe s'éloigna, laissant l'homme au suaire à sa douleur.

Marius et Julius ouvraient la marche, avançaient à pas rapides. Ils parvinrent bientôt devant l'endroit désigné, un massif bâtiment de briques rouges. Hans dépassa les jumeaux et sonna à la porte. Un vieillard au visage parcheminé, en partie dissimulé par un haut-de-forme, ouvrit la porte. Le corps raidi dans un complet élimé, il parla d'une voix autoritaire :

— Je suis très occupé. Je n'ai le temps d'entendre aucune doléance. Revenez plus tard. Comment voulez-vous que je règle le problème si je suis sans cesse interrompu par les mêmes plaintes ennuyeuses ?

Hans s'empressa de détromper son interlocuteur. En quelques phrases brèves, il exposa sa situation.

Le vieil homme tendit une main sèche et énergique au directeur du cirque et son visage s'éclaira.

— Je me présente, Edmond Palissier, maire de cette ville. Le temps presse trop pour nous permettre de le gaspiller en vaines discussions, aussi vous demanderai-je de me suivre à l'instant dans mon cabinet.

Sur ces paroles, le maître des lieux se détourna, suivi par le groupe. Il le conduisit dans une grande salle aux murs ornés de tableaux représentant des écrivains inconnus de Marie. Elle s'attarda à regarder l'un d'eux, un homme au visage sombre et osseux. Les mains crispées sur le pommeau d'une longue canne-épée, il semblait méditer sur la genèse de sa prochaine œuvre. Une légende, au bas de l'illustration, révélait : « Pascal Langlaix, écrivain du Nord d'Alkenraüne, cousin du célèbre peintre décadent Peter French. On lui doit notamment *Les pères blêmes*, *Mémoire disloquée* et *Horizons de nuit*. »

— Nos auteurs vous fascinent, jeune femme ? demanda le maire, avec une évidente fierté. Certes, toutes les villes ne peuvent se targuer d'abriter d'aussi incomparables artistes.

Il se rembrunit aussitôt et poursuivit :

— Enfin... C'était le cas auparavant. Maintenant, avec cette infortune, j'hésite à envisager l'avenir sous d'aussi brillants auspices. Mais asseyez-vous donc.

D'un large geste de la main, Palissier désigna une rangée de chaises installées devant un grand bureau de bois franc. Le maire passa derrière le meuble et prit place dans un imposant fauteuil, en face de ses visiteurs.

— Vous excuserez le luxe criant de mon siège, par rapport au dénuement des vôtres. Loin d'être dictée par un futile attrait pour le confort, la nature prestigieuse de cet objet fut imposée par le conseil de ville. Je me suis plié de bonne grâce à leur volonté. Mais passons maintenant à un sujet moins futile. Vous m'avez dit ignorer notre situation. Je consens à vous renseigner. Après tout, peut-être des étrangers comme vous pourront-ils mieux considérer le problème, sous un angle extérieur, détaché et objectif. Je suivrai mon intuition et vous accorderai ma confiance.

Dans notre belle ville régnait auparavant l'heureuse union de la littérature et des spectres. La plupart des habitants de cet endroit, vous avez dû le comprendre, appartiennent au monde de l'au-delà. Simplement, en vertu des lois de ce monde souterrain, ils continuent de mener une existence heureuse en exerçant leur profession d'écrivain. Ils se racontent, rédigent des récits qualifiés de « fantastiques » par les vivants.

Tout allait bien jusqu'à la semaine dernière. Avant d'en arriver à la perturbation responsable de tous nos malheurs, je dois apporter une dernière précision à mon récit.

Dans cette ville se trouve un objet presque sacré, auquel les habitants rendent une visite quotidienne. Il s'agit de la muse hantée, aussi connue sous le nom de paratonnerre imagier ou d'hallucinarbre. C'est un arbre, au centre de la ville. Il suffit de le toucher pour avoir aussitôt l'esprit envahi d'images oniriques très fortes. Les fantômes y puisent un ressourcement essentiel pour la poursuite de leur œuvre. Ils s'imprègnent de l'esprit de cet objet. Ils en retirent une dose d'énergie indispensable à l'élaboration de leur création.

Nous l'appelons le paratonnerre, car la légende prétend que des foudres d'inspiration divine se sont abattues sur lui voilà des centaines d'années. Nous ne cherchons pas à comprendre ou à expliquer rationnellement la source de ce pouvoir. Ici, c'est inutile. C'est une cité d'écrivains, pas de scientifiques. De toute façon, je ne suis pas certain qu'on puisse soumettre la magie à l'analyse soi-disant logique, procédé réducteur par essence.

Voilà exactement sept jours, un citoyen paniqué est arrivé dans mon bureau. Un autre le relaya bientôt, puis un troisième, un quatrième... Ils me racontèrent tous la même histoire : ils avaient « consulté » l'arbre sans résultat, pour la première fois. Les plaintes se succédèrent rapidement, et j'essayai de comprendre la situation. En vain. Je tentai de rassurer mes citoyens de mon mieux, en leur disant qu'il s'agissait peut-être d'un tarissement passager de l'arbre, cherchant ainsi à renouveler ses forces par une sorte d'auto-jachère.

Mais voilà... Le lendemain et le surlendemain, la même situation prévalait toujours et la panique gagnait la ville enfiévrée. Une mystérieuse épidémie s'est vite abattue sur les fantômes. Incapables de créer, ils ne tardent pas à mourir.

Palissier regarda Hans, et Marie crut lire un certain mépris sur les traits du maire. Ce dernier se leva, appuya ses deux mains sur son bureau et tonna :

— Alors ? Ai-je perdu mon temps ou non ?

La jeune fille attribua ce changement d'humeur subit à la tension éprouvée par le maître des lieux.

Le directeur du cirque répondit, d'un ton poli :

— Il conviendrait peut-être d'interroger les citoyens de cette ville. L'un d'entre vous a pu offenser les dieux ? Car si cet arbre est véritablement habité par une puissance divine, cela pourrait expliquer la situation.

— Les dieux ! Les dieux ! tempêta Palissier. On n'en a jamais vu ici ! C'est tout ce dont vous êtes capable pour résoudre le mystère ?

— Laissez-nous un peu de temps. Nous sommes déjà bons de vouloir vous aider.

— Vous y êtes forcés ! N'essayez pas de m'en imposer et de jouer les héros désintéressés. Vous ne pouvez quitter cette ville sans nous aider.

— Comment le savez-vous donc ?

— L'oracle me l'a dit.

— L'oracle ?

— Le vieux Cypriani. Il habite non loin d'ici. Il prédit l'avenir grâce à ses rêves. Son sommeil est hanté par des visions mystiques. Il prétend communiquer avec l'au-delà.

— L'avez-vous interrogé au sujet de cette catastrophe ?

— Bah... Il a souligné l'inutilité de toute démarche. « Six visiteurs viendront. Je ne puis en dire plus pour l'instant. »

Hans s'étonna :

— Vous me déroutez, monsieur Palissier. Vous auriez dû nous accueillir d'une tout autre façon ! Peut-être sauverons-nous votre ville ?

— Peut-être, peut-être pas. Vous savez, les prédictions de Cypriani ne se révèlent pas toujours justes. Il divague un peu,

parfois. Il se justifie en alléguant la nature imprévisible de l'avenir. Enfin, allez donc le voir et jugez par vous-mêmes. Cessez de perdre votre temps et le mien en bavardages oiseux.

Marie songea à Joziak. Ce dernier ne maîtrisait pas son don de voyance, lui non plus. Il sympathiserait probablement avec l'oracle.

Le groupe décida de prendre congé du maire. Ils se rendirent à l'endroit indiqué pour discuter avec Cypriani. Marius s'apprêtait à frapper à la porte quand un vieil aveugle à la longue barbe blanche lui ouvrit.

— Entrez, je vous attendais, invita-t-il. Je vous offre de partager mon repas.

Ils acceptèrent et s'installèrent autour d'une table bien garnie.

— Le temps presse, semble-t-il, attaqua Hans sans attendre. Pouvez-vous nous aider ?

— Je dispose d'un seul indice, recueilli dans un rêve. Trois phrases énigmatiques : la réponse se cache dans le sang du maire ; la réponse est simple, proche et lointaine à la fois ; la réponse est dans la ville.

— Avez-vous transmis ces informations à Palissier ?

— Oui. Il vous les a dissimulées, je m'en doute. Par crainte... Il ne veut pas qu'on les répande dans la ville. Il n'a jamais estimé mes pouvoirs à leur juste valeur. Très irrité, il m'a sermonné : « Taisez-vous, Cypriani ! Je vous défends de répéter ces phrases, m'entendez-vous ? Les citoyens sont furieux et superstitieux. Ils seraient capables de m'égorger sur la place publique pour lire la réponse dans mon sang, en s'attendant à voir les gouttes former des phrases. Quant à vos deux autres indices risibles, ils ne signifient rien. La réponse est dans la ville ? On s'en doutait, non ? Elle est proche et lointaine à la fois ? Ah oui, elles nous aident beaucoup, Cypriani, vos devinettes. »

Joziak fraternisa avec le vieil homme. Ils parlèrent de leur don. Joziak regretta de ne pas disposer du temps nécessaire pour échanger plus longuement, puis remercia leur hôte, au nom du groupe.

En sortant, Marie se heurta à un adolescent roux et décharné, vêtu de loques bariolées. Il dévisagea la jeune fille avec hargne et tonna :

— Tu ne peux pas faire attention ?

Marie se pencha pour prendre Florence, propulsée au sol par le choc. L'adolescent jeta un regard à la poupée.

— Vraiment moche, cette babiole. Faut-il être sotte pour se balader avec une pareille horreur à ton âge.

Indignée, Marie s'écria :

— Florence n'est pas une babiole ! Si je la porte dans mes bras, c'est à cause des lois de ton monde. Ailleurs, elle se suffit à elle-même.

Le garçon fit la moue.

— Peut-être, mais on est ici, pas ailleurs.

— Tu ne parlerais jamais d'elle ainsi si tu connaissais ses pouvoirs !

Karianne s'interposa entre les deux adversaires.

— Ça suffit, dit-elle. Viens, Marie. Ne perdons pas de temps avec lui.

La jeune fille se rangea au conseil de la femme aux yeux verts. Elle se détourna sans même répondre aux invectives dont l'abreuvait le garçon roux. Il finit par se lasser et s'en alla rejoindre ses amis, témoins amusés de la scène.

Hans interrogeait déjà des passants, les arrêtait pour discuter. Enrich transcrivait les propos entendus. Marius et Julius s'efforçaient d'analyser les réponses recueillies, d'en retirer des informations éclairantes.

Les voyageurs se rendirent auprès du paratonnerre imagier. C'était un arbre aux dimensions modestes, ressemblant à un petit sapin sans signe distinctif apparent. Autour de l'objet magique, de nombreux écrivains-fantômes se prosternaient, se heurtaient la tête contre le sol en gémissant. Tour à tour, Marie et ses compagnons touchèrent le tronc de la muse hantée, sans ressentir d'effet particulier. Les habitants de la ville leur jetèrent bientôt des regards hargneux en constatant l'insuccès de leurs démarches, et le groupe dut s'éloigner par précaution.

Au cours de leurs déambulations, les membres du cirque eurent la tristesse d'apercevoir de nombreux corps inanimés, sur le sol. Sans doute s'agissait-il de citoyens terrassés par la terrible maladie.

Marius s'inquiéta de cette situation :

— S'ils meurent tous, nous serons peut-être incapables de sortir de cette ville et condamnés à finir nos jours dans ce lieu devenu inhabité. Peut-être succomberons-nous aussi à l'épidémie ? Qui sait si cette maladie ne peut nous affecter ?

Dans ces conditions harassantes, la journée s'écoula difficilement.

Voyant la lumière des réverbères pâlir, Hans décida d'aller retrouver le maire pour lui communiquer le résultat de ses recherches.

Palissier accueillit le groupe sans aménité.

— Alors, m'apportez-vous des résultats ? demanda-t-il d'une voix rauque, une fois installé derrière son bureau.

Werner résuma les informations accumulées.

— Personne ne croit avoir offensé les dieux. Tous affirment avoir bien dormi, la veille du jour fatidique où l'arbre s'est épuisé. Aucun rêve n'a été troublé par des prémonitions. Sauf Cypriani... Cypriani et ses phrases à votre sujet.

— Des divagations, gronda le maire. La réponse se dissimulerait dans mon sang ? C'est absurde ! Et quoi d'autre, encore ? Pourquoi ne pas trouver la solution écrite dans l'air, en caractères invisibles ? Ce Cypriani n'a pas toute sa tête. Je n'aurais jamais dû vous envoyer à lui. Je savais qu'il transgresserait mon interdit et s'empresserait de vous gaver de ses chimériques prédictions. Quel sot j'ai été de vous parler de ce vieux fou. Mais j'ai voulu agir dans l'intérêt du plus grand nombre. Je me suis dit : « Sait-on jamais, Edmond, sait-on jamais... Il vaut mieux ne rien dissimuler. » J'ai été naïf. Mais cela ne se reproduira plus. Avez-vous réussi à démêler l'écheveau du mystère, oui ou non ?

— Monsieur Palissier, répondit Hans avec humilité, nul ne saurait résoudre aussi facilement une telle énigme. Mais, je continue à l'affirmer, il y a une raison d'être au tarissement de l'arbre. Si nous trouvons la cause de cette tragédie, nous pourrons l'enrayer. J'en suis certain.

— Vos belles certitudes n'apportent rien de concret. Est-ce là tout ce que vous pouvez m'apprendre ?

— Je le crains. Tous les habitants interrogés m'ont fourni des réponses semblables. Ils n'y comprennent rien.

— Bien. Alors vous pouvez disposer. Et, je vous en prie, ne revenez plus m'importuner sans raison valable. Je ne peux me permettre de perdre mon temps. L'épidémie prend des proportions de plus en plus inquiétantes. Je cherche, moi aussi. N'allez pas croire que je m'amuse. Je consulte des livres, j'écoute les rapports de employés de la ville, j'établis des synthèses...

— J'aimerais vous demander une dernière faveur. Connaissez-vous un endroit où nous pourrions loger cette nuit ?

Le maire soupira.

— J'aurais dû m'en douter. Je me méprends sans cesse en croyant deviner la générosité à l'œuvre chez autrui. Vous avez trouvé ce prétexte de venir me fournir des informations pour me convaincre de vous héberger.

Hans s'empressa de dénier cette intention. Palissier ne l'écouta pas et l'interrompit sèchement :

— Je suis pressé, monsieur. Ne vous l'ai-je pas suffisamment répété ? Je n'ai pas de temps à perdre avec vos explications. Je serai bon prince, comme toujours. Ma défunte femme ne cessait de me le rappeler : « Tu es trop bon, Edmond. Les gens profitent de toi. » Mais tant pis ! C'est dans mon tempérament, faut-il croire. Vous pouvez vous installer sur la moquette, près de l'entrée. Et que je ne vous entende pas, surtout ! Je...

À ce moment, on ouvrit la porte du bureau et une voix grinçante amorça une phrase :

— Papa, il...

Le visiteur s'interrompit en apercevant les voyageurs, installés sur les chaises.

— Oh, pardon, papa. J'ignorais que...

Le nouvel arrivant ne termina pas sa phrase. L'étonnement envahissait ses traits. Marie ne put s'empêcher de ressentir un choc, elle aussi. Elle venait de se retourner et de voir l'adolescent roux et hargneux rencontré en face de la demeure de Cypriani.

Le maire, ignorant le choc mutuel des deux jeunes gens, invectiva son fils :

— Jamaël ! Cesse de rester planté là comme le dernier des imbéciles.

Palissier regarda les visiteurs.

— Je vous présente mon fils, Jamaël. Pardonnez ses manières grossières. Je ne cesse de lui répéter de frapper avant d'entrer dans mon bureau. Rien à faire, il ne veut pas comprendre.

Le maître des lieux s'adressa à l'adolescent :

— Ils dormiront dans le hall d'entrée, cette nuit. Ne les dérange pas surtout. File dans ta chambre, maintenant. Nous nous parlerons plus tard.

Jamaël obéit sans attendre.

— Bien. Maintenant, je vais vous conduire dans le hall.

Les voyageurs suivirent le maire. Ils s'installèrent comme ils le purent. Le tapis mœlleux ne constituait pas une couche trop inconfortable. Fatiguée par sa journée, Marie discuta toutefois un peu avec Karianne.

— Je comprends l'agressivité de Jamaël. Son père ne manifeste pas beaucoup d'affection pour lui, nota la jeune fille.

— Tu as bien raison, approuva Karianne.

Peu à peu, l'amnésique sentit ses yeux se fermer. Elle souhaita une bonne nuit à son amie et s'endormit, sa poupée dans les bras.

Dans son rêve, Marie combattait un gros homme chauve semblable à un batracien. Il ne cessait de chantonner d'une voix de fausset :

— Je suis le gagnant globuleux et je gagne quand je veux.

Le singulier personnage dansait en riant autour de Marie. Puis, il se mit à esquisser les grimaces les plus grotesques que la jeune fille eût jamais vues. Il entrecoupait ses simagrées de plaisanteries bizarres, mimait des animaux, approchait son visage à quelques centimètres de celui de Marie.

Ce manège durait depuis très longtemps déjà, la tension montait de plus en plus lorsque, tout à coup, l'amnésique sentit distinctement les mains de l'individu se poser sur les siennes.

Ce n'était plus le gagnant globuleux, ce n'était plus un rêve... Quelqu'un tentait de s'emparer de Florence ! Mais fallait-il se débattre, réveiller les autres ?

Une intuition avertit Marie de feindre l'inconscience, de suivre le mystérieux pillard. Elle abandonna donc sa poupée sans plus se défendre. Puis, dans le noir, elle ouvrit les yeux, juste à temps pour voir une silhouette loqueteuse s'éloigner avec précaution. C'était Jamaël !

Intriguée, la jeune fille se tint aux aguets. Le voleur sembla se volatiliser au beau milieu de la pièce.

Alors, une main glacée se posa sur l'épaule de l'observatrice. Elle faillit pousser un cri et se retint juste à temps. Une voix souffla à son oreille :

— C'est moi, Marius. Ne crains rien. Le fils du maire vient de...

— Je le sais ! Je l'ai vu. Vite ! Suivons-le.

Dans l'obscurité, ils s'avancèrent dans la direction prise par le fils du maire. Un filet de lumière filtrait sous une dalle mal replacée.

— Un passage secret ! s'exclama le frère de Julius. Mais comment fonctionne-t-il ?

L'ami de Marie appuya ses doigts un peu partout, chercha des interstices. Il perdait patience et le temps pressait, aussi décida-t-il de réveiller les autres. Tous se dépêchèrent et tentèrent de trouver le mécanisme.

— Tant pis ! décida Karianne. Je ferai fondre cette dalle, c'est tout.

Elle enleva ses gants. Dans l'obscurité, il sembla à Marie que les mains de la jeune femme brillaient d'une étrange lueur rougeâtre. En cinq secondes, il ne restait plus rien de l'entrée du passage. Les voyageurs s'engouffrèrent dans l'espace laissé libre, découvrant un passage étroit éclairé ici et là par des lanternes posées sur le sol.

— Il ne doit pas se cacher très loin. Mais pourquoi a-t-il volé Florence ? demanda Marie.

— Je l'ignore. Mais taisons-nous. Nous devons veiller à ne pas trahir notre présence, répondit Hans.

Au bout du passage, le groupe aperçut une porte. Derrière le battant, des voix s'élevaient.

— Alors, là, tu comprends, elle se débattait un peu, la petite idiote. Je me suis injurié en pensée pendant quelques secondes. Je me disais : « Si elle se réveillait, quel chahut ça ferait ! Le vieux gueulerait encore et je serais quitte pour une autre de ses maudites corrections. » Mais finalement, j'ai fini par l'avoir, cette satanée poupée. J'espère qu'elle en vaut la peine.

— Mais oui, répondit une autre voix. Elle l'a dit, la fille : c'est une poupée magique ou un truc comme ça. Une façon d'accroître notre pouvoir. Accrochons-la à l'arbre.

On entendit des bruits de pas.

Werner regarda Marius :

— C'est le temps d'entrer en scène. Solidifie immédiatement ce paysage !

— Mais, Hans, plaida son interlocuteur, si mes pouvoirs ne fonctionnent pas, ici, sous terre ?

Joziak l'interrompit :

— Tu réussiras, Marius. Je le sais. Mais dépêche-toi !

Encouragé, le frère de Julius ne perdit pas une seconde. Il poussa la porte et, par sa simple volonté, immobilisa la scène devant lui.

Les voyageurs découvrirent une grande salle verte. Au milieu trônait un arbre identique au paratonnerre imagier. Jamaël, figé dans une attitude triomphante, s'apprêtait à poser Florence sur une branche de l'arbre. Marie eut l'impression absurde de surprendre l'adolescent roux en train de décorer un sapin de Noël. Autour du fils de Palissier, trois garçons, assis par terre, regardaient la scène avec intérêt.

— Hum ! Je crois comprendre la situation, fit Julius.

— Tu n'es pas le seul, répondit Marius.

Marie, comme ses amis, devina les tenants et aboutissants du tableau vivant exposé à ses yeux.

Tout devenait clair : ignoré, méprisé de son père, Jamaël avait décidé de se venger de la ville en déracinant la muse hantée, en la remplaçant par un arbre ressemblant à l'original. Puis, il avait planté le paratonnerre ici, dans cette salle souterraine. Jamaël, entendant parler des dons de Florence, avait probablement souhaité les réveiller par un contact avec l'arbre magique. L'énigme de l'oracle s'expliquait facilement : la réponse se cachait dans le sang du maire, donc dans celui de son fils, Jamaël. La réponse était simple, proche et lointaine à la fois, autant qu'un père peut être semblable et différent de son fils. Elle était proche des habitants, car située dans un endroit connu, et lointaine, car cachée dans un passage secret. Enfin, la réponse était dans la ville, en effet, puisque l'arbre s'y trouvait toujours.

— Peux-tu lire dans leurs pensées, Hans ? demanda Julius.

— Non. Mais nous allons quand même interroger ce garçon.

— Comment y parviendras-tu ? s'enquit Marie.

— C'est simple, répondit Karianne. Même si leur corps est paralysé, actuellement, ils peuvent nous voir et nous entendre. Je vais donc donner une démonstration de mes pouvoirs à nos amis.

La femme aux yeux verts ramassa une roche, oubliée dans un coin de la pièce. Sous les yeux fixes des quatre jeunes hommes statufiés, elle la réduisit en pièces en l'espace de quelques secondes. Puis, dévisageant Jamaël :

— Voilà ton avenir, si tu refuses de nous répondre.

Elle rejoignit l'adolescent et approcha ses mains du visage du prisonnier immobile.

— Bien. Marius, romps la scène !

Deux secondes plus tard, les quatre jeunes hommes, désormais capables de bouger, regardaient Karianne avec effroi. Marie ne put s'empêcher de les comprendre. Son amie semblait très inquiétante, figée dans une pose menaçante comme une allégorie de l'épée de Damoclès. Jamaël respirait avec difficulté.

— Pourquoi as-tu subtilisé l'arbre ? demanda Hans.

— Vous avez donné les bonnes raisons. Vous savez, le paratonnerre imagier m'a toujours laissé indifférent. J'y ai touché quelquefois et je n'ai rien ressenti. Selon mon père, seuls les écrivains-fantômes sont sensibles aux vibrations de cet objet. Quant à la poupée, je me suis dit que l'arbre pourrait réveiller son pouvoir, ou vice-versa.

— Et comment entendais-tu gérer ce prétendu pouvoir ?

— Bah, je ne sais pas. Ça dépend... J'aurais avisé en fonction des possibilités. J'aurais aimé régner sur la ville avec mes amis. On se serait bien amusés.

Marie ne parvenait pas à juger sévèrement Jamaël. Ses intentions ne semblaient pas très mauvaises. Mais qui sait si, une fois détenteur de forces surnaturelles, il ne se serait pas laissé aller à une dangereuse mégalomanie, semant la terreur sur la ville ?

— Écoute-moi bien, Jamaël, reprit Hans. Nous ne dévoilerons pas ton secret à ton père. J'ose t'accorder ma confiance. Nous irons replacer l'arbre en son lieu, avec ton aide et celle de tes amis, à condition que tu le laisses tranquille. Les habitants de cette ville en ont besoin. Ils ne t'ont rien fait, tu sais. Si tu désires résoudre un conflit entre toi et ton père, tu ne dois pas mêler des personnes étrangères à ton problème. Tu as cherché à te venger de manière détournée, mais combien d'innocents ont été victimes de tes machinations ?

— Mais... les fantômes sont déjà morts, comment aurais-je pu les tuer ? objecta l'adolescent.

Décontenancé, Werner ne sut comment répondre. Jamaël reprit :

— Ils reviendront, j'en suis sûr. Si je n'en avais pas été persuadé, je n'aurais jamais subtilisé l'arbre. En fait, c'est déjà arrivé... Les fantômes « meurent » et « renaissent » sept jours plus tard. C'est un phénomène courant, ici.

— Ton père a dissimulé cette information, nota Karianne.

— Il voulait sans doute vous stimuler et ainsi vous pousser à résoudre l'énigme plus rapidement.

La femme aux yeux verts recula. Elle se tenait prête à parer toute attaque du jeune homme. Celui-ci ne tenta pas de se rebeller. Il enjoignit ses amis de l'aider à déplacer le paratonnerre imagier.

Bientôt, les voyageurs transportèrent l'arbre dans le corridor. Silencieusement, ils traversèrent le hall et s'avancèrent dans la rue calme et sombre. Malgré l'obscurité trouée çà et là par la lumière tamisée des réverbères, replacer l'arbre dans son emplacement premier fut aisé.

Les voyageurs s'éloignaient avec le faux hallucinarbre lorsque de violents projecteurs s'allumèrent et qu'une voix tonna :

— C'est bien ce que je pensais ! Bande de traîtres !

Palissier se tenait au milieu de la rue, un porte-voix à la main. Tirés du sommeil, des habitants de la ville passèrent bientôt leur tête par des fenêtres ouvertes. Comprenant l'importance de la situation, le maire s'adressa à la foule :

— Vous voyez ! Tout rentre dans l'ordre grâce à moi. Vos prétendus dieux ont peut-être pardonné au peuple de cette ville, mais vous me devez votre délivrance. Je viens de retrouver l'arbre sacré, volé par ces étrangers.

Aussitôt, les fantômes manifestèrent leur enthousiasme par des cris de joie.

Le maire laissa à la foule le temps nécessaire pour reprendre son calme. Puis, d'une voix puissante, il reprit :

— Remerciez-moi de tout votre cœur pour avoir eu la clairvoyance nécessaire à l'arrestation de ces criminels.

Palissier appuya sur ce dernier mot en hurlant presque.

— À l'avenir, tenez compte de cette leçon et accordez-moi toujours votre entière confiance. Je régnerai sur cette ville jusqu'à ma mort. Que ma volonté soit faite !

Un silence impressionnant suivit cette déclaration. Marie admira l'habileté avec laquelle Palissier récupérait à son avantage les événements survenus récemment. Pointant du doigt les membres du cirque, il s'écria :

— À présent, qu'on emprisonne ces imbéciles ! J'ai trop longtemps supporté leur présence.

Une vingtaine de colosses s'approchèrent des voyageurs. Hans tenta de protester :

— Mais nous venons de sauver la ville ! Nous avons remplacé le faux hallucinarbre par le paratonnerre disparu.

Les citoyens, interloqués, dévisagèrent Palissier. Les gardes suspendirent leur geste.

— Vous mentez, hurla le maire. Je viens de vous surprendre en plein délit. N'aggravez pas votre cas !

Les hommes de main entourèrent les membres du cirque, les maîtrisèrent et les entraînèrent à leur suite. En s'éloignant, la troupe entendit la voix du maire poursuivre :

— Pour célébrer le retour de la muse hantée parmi nous, il y aura une grande fête à la fin de la journée et six exécutions par la guillotine.

Un tonnerre d'exclamations enthousiastes applaudit cette initiative.

Les soldats conduisirent les détenus vers la maison de Palissier. Ils entrèrent et menèrent les prisonniers dans un sous-sol humide, derrière des barreaux solides.

Le silence régna bientôt dans la prison.

— Comment nous sortirons-nous de ce mauvais pas ? demanda Marie, inquiète.

— Ne t'en fais pas, répondit Joziak. Je sens que les choses vont s'arranger sous peu.

— Pourquoi ne t'es-tu pas défendue, Karianne ? Et toi, Marius, pourquoi n'a-tu pas utilisé tes dons pour combattre les hommes de main de Palissier ?

— Marie, répondit Hans, tu ne connais pas encore la philosophie de notre groupe : nous utilisons nos pouvoirs quand nous n'avons pas d'autres moyens de résoudre nos problèmes. Une fois parvenus devant la guillotine, il sera toujours temps de réagir.

— Mais c'est risqué, c'est de la folie ! Ils peuvent nous anesthésier et nous exécuter ensuite...

— Non, mon amie. Le maire est trop friand de spectacle à grand déploiement. Nous serons sauvés, j'en suis sûr. Cesse de te tourmenter. Les fantômes auront peut-être des visions, dans leur sommeil.

Ils apprendront la vérité tôt ou tard et Palissier sera puni.

— Mais peut-être le maire croit-il avoir raison ! Alors, il nous prend à tort pour des criminels, mais il est persuadé d'agir pour le bien des fantômes.

— J'en doute. Tu le vois, Jamaël et ses amis ne sont pas à nos côtés, dans cette prison. Palissier a dû donner des ordres à cet effet. Le maire a détourné l'attention des citoyens, et il a ainsi sauvé la mise à son fils et ses copains. Si tu veux mon avis, Palissier venait de découvrir l'identité du véritable responsable du vol, à notre arrivée. Il voulait épargner son fils, il a vu en nous de parfaits boucs émissaires. Le maire a préféré monter toute cette mise en scène pour mieux convaincre les fantômes. Qui sait si Jamaël n'a pas participé à toutes ses manigances ? J'imagine sans peine Palissier en train de menacer son fils, l'obligeant à voler Florence. Je l'entends presque parler : « Fais attention, Jamaël. Tu dois réveiller la jeune fille en donnant l'impression que tu essayais d'agir discrètement. Si tu ne veux pas subir une dure punition, obéis. »

— Mais comment le maire aurait-il pu prévoir mes réactions ? Comment pouvait-il deviner notre demande d'être hébergés par lui ? Pourquoi nous a-t-il envoyés chez Cypriani, l'oracle ? Pourquoi son fils a-t-il surgi, se dévoilant à nous ?

— En fin stratège, Palissier a dû étudier les différentes possibilités. Il nous aurait sans doute proposé cet abri lui-même, si nous ne l'avions pas sollicité. Cypriani était peut-être un complice, et nous avons pris ses phrases énigmatiques pour de véritables indices. Pendant le vol de Florence, si tu t'étais réveillée en hurlant, Jamaël aurait feint de prendre maladroitement la fuite, laissant le passage secret à découvert. Nous nous serions tous rués à sa poursuite et le résultat aurait été le même. Quant à l'arrivée de Jamaël dans le bureau de son père, il s'agit peut-être d'un accident. Aucun plan n'est parfait, mais Palissier s'en est tiré aisément.

— Mais si Jamaël est complice du maire, il aura prévenu son père de nos dons ! Le maire se méfiera et nous ne pourrons pas nous évader !

— Erreur ! s'exclama Joziak. Mon pressentiment était juste, regardez derrière moi.

Dans le mur, une porte s'ouvrait. Tous en étaient persuadés, elle ne se trouvait pas là deux secondes plus tôt. C'était à n'en pas douter la porte de sortie du village des écrivains-fantômes. Sans perdre de temps, Hans tourna la poignée. Il découvrit une grande salle blanche. Les voyageurs s'engouffrèrent dans le passage. Le battant se referma derrière eux. La porte disparut. Dans la ville de Palissier, la prison n'abritait plus aucun captif.

7

LA DERNIÈRE ÉNIGME

Marie et ses amis ne virent aucun meuble autour d'eux. Juste un squelette, sur le sol et une autre porte, derrière lui. Sur le mur, un panneau proclamait, en lettres majuscules : « LA DERNIÈRE ÉNIGME GÎT SOUS VOS YEUX. L'UN D'ENTRE VOUS SAIT COMMENT AGIR. NE VOUS TROMPEZ PAS. »

Ils venaient d'atteindre la zone intermédiaire, ce vestibule où ils devaient répondre à une dernière question afin de pouvoir regagner leur univers.

Quelle était donc cette épreuve ? La jeune fille réfléchit. Elle songea aux deux mondes traversés : la musique-fantôme, les écrivains-fantômes...

Soudain éclairée, elle établit un parallèle : les musiciens spectraux lui rappelaient les partitions-fantômes, tandis que la ville de Palissier lui faisait songer à l'enfant-muse et aux romans-fantômes. Le squelette, lui, évoquait la famille Cypriani.

Les épreuves du cimetière! Cette énigme s'en réclamait, comme les autres.

Pour traverser ce monde, il suffisait donc de compter les os du squelette. L'amnésique transmit ses conclusions à ses compagnons. Ceux-ci approuvèrent la démarche de la jeune fille. C'était la solution, à coup sûr. Marie s'appliqua à son travail comme elle ne l'avait jamais fait au cimetière. Elle prononça le nombre à voix haute. Aussitôt, la porte s'ouvrit d'elle-même, derrière le squelette. C'était une invitation, un signe. Elle avait réussi.

En passant près du squelette, la jeune fille ne put néanmoins s'empêcher de ressentir un frisson. La main osseuse s'emparerait-elle de sa cheville?

Contre toute attente, tout se passa bien et elle rejoignit bientôt Hans et les autres en plein cœur du cimetière, sous la douce lumière du jour. Elle venait de revenir au point de départ. Une voix s'éleva alors, près de Marie.

— Enfin! J'avais si hâte de pouvoir parler et bouger de nouveau.

Florence ouvrait des yeux vifs et regardait Marie. La jeune fille eut l'impression de voir renaître sa poupée.

Hans s'immobilisa, soudain tendu.

— On tente d'entrer en contact psychique avec moi, dit-il.

Il laissa un temps s'écouler, puis reprit :

— C'est Masier. Il désire se servir de moi pour vous parler. Je lui laisse la parole.

Le directeur du cirque parla alors d'une voix différente, plus grave :

— Mes amis, je suis parvenu à détruire l'usine de Karlsehn. Vous n'avez donc plus à redouter sa haine et sa colère envers votre cirque, car vos activités ne dérangent désormais plus celles du sorcier. Il m'a toutefois échappé et s'est enfui en jurant de se venger de moi. Si j'ai besoin de vous, un jour prochain, je vous le ferai savoir, car je connais votre générosité, vos qualités et votre soif d'aventures.

Hans se tut et se laissa tomber sur le sol. Tous se précipitèrent vers lui.

Le directeur du cirque allait mieux, maintenant.

Deux jours s'étaient écoulés.

— Nous repartons, décida-t-il vers midi. D'autres représentations nous attendent. Tu es sûre, Marie, de ne pas vouloir nous accompagner ?

— Pour l'instant, non. Nous vous remercions tous, Florence, Enrich et moi, mais nous désirons nous reposer un peu et nous remettre des émotions fortes vécues à vos côtés. Toutefois, vous le savez, nous sommes capables de vous contacter psychiquement, comme Hans nous l'a enseigné. Nous pourrons tous vous joindre, quand nous serons prêts.

— Et alors, nous viendrons vous chercher.

— Je n'en doute pas.

Karianne embrassa Marie. Julius, Marius et Joziak, plus réservés, serrèrent la main de l'amnésique. Hans la serra contre lui en lui souhaitant bonne chance dans toutes ses entreprises futures.

Puis, les membres du Cirque aux Mystères prirent le chemin de la sortie du cimetière.

Le soleil brillait de tous ses rayons et semblait jeter sur eux les feux d'un puissant projecteur.

Ils donnent déjà une représentation sans s'en rendre compte, écrivit Enrich.

Marie sourit. Elle songea ensuite à l'enfant-muse et souhaita raconter ses aventures à l'angelot de pierre. Elle en était certaine, il en apprécierait le récit.

Marie ne douta plus d'elle-même lorsque, sur la page couverture du roman-fantôme, elle lut un nouveau titre : *Le Carrousel pourpre*.

Les premières phrases la firent sourire. Elle y discerna un bon présage en reconnaissant l'aventure singulière d'une jeune fille qu'elle connaissait trop bien : « Marie ouvrit les yeux et regarda aussitôt autour d'elle. La jeune fille aperçut un cimetière obscur, en pleine nuit. Elle se leva sans précipitation, s'appuya contre le tronc d'un gros arbre. Elle tenta vainement de se concentrer... »

Table des matières

1 LE FANTÔME D'UN DÉJEUNER 7

2 SQUELETTES VENGEURS
ET POUVOIRS PARANORMAUX 26

3 LES PENSIONNAIRES
SE DÉTRAQUENT 43

4 LE CIRQUE AUX MYSTÈRES 59

5 ACCORDS FANTÔMES
POUR SPECTRES MUSICIENS 81

6 APOCALYPSE CHEZ
LES LITTÉRATEURS DE L'OMBRE 108

7 LA DERNIÈRE ÉNIGME 143

Les titres de la collection Atout

1. *L'Or de la felouque***
   Yves Thériault
2. *Les Initiés de la Pointe-aux-Cageux***
   Paul de Grosbois
3. *Ookpik***
   Louise-Michelle Sauriol
4. *Le Secret de La Bouline**
   Marie-Andrée Dufresne
5. *Alcali***
   Jo Bannatyne-Cugnet
6. *Adieu, bandits !**
   Suzanne Sterzi
7. *Une photo dans la valise**
   Josée Ouimet
8. *Un taxi pour Taxco***
   Claire Saint-Onge
9. *Le Chatouille-cœur**
   Claudie Stanké
10. *L'Exil de Thourème***
    Jean-Michel Lienhardt
11. *Bon anniversaire, Ben !**
    Jean Little
12. *Lygaya**
    Andrée-Paule Mignot
13. *Les Parallèles célestes***
    Denis Côté
14. *Le Moulin de La Malemort**
    Marie-Andrée Dufresne
15. *Lygaya à Québec**
    Andrée-Paule Mignot
16. *Le Tunnel***
    Claire Daignault
17. *L'Assassin impossible**
    Laurent Chabin
18. *Secrets de guerre***
    Jean-Michel Lienhardt
19. *Que le diable l'emporte !***
    Contes réunis par Charlotte Guérette
20. *Piège à conviction***
    Laurent Chabin
21. *La Ligne de trappe***
    Michel Noël
22. *Le Moussaillon de la Grande-Hermine**
    Josée Ouimet

23/23. *Joyeux Noël, Anna**
Jean Little

24. *Sang d'encre***
    Laurent Chabin

25/25. *Fausse identité***
Norah McClintock

26. *Bonne Année, Grand Nez**
    Karmen Prud'homme

27/28. *Journal d'un bon à rien***
Michel Noël

29. *Zone d'ombre***
    Laurent Chabin
30. *Alexis d'Haïti***
    Marie-Célie Agnant

31. *Jordan apprenti chevalier**
Maryse Rouy

32. *L'Orpheline de la maison Chevalier**
Josée Ouimet

33. *La Bûche de Noël***
Contes réunis par Charlotte Guérette

34/35. *Cadavre au sous-sol***
Norah McClintock

36. *Criquette est pris***
Les Contes du Grand-Père Sept-Heures
Marius Barbeau

37. *L'Oiseau d'Eurémus***
Les Contes du Grand-Père Sept-Heures
Marius Barbeau

38. *Morvette et Poisson d'or***
Grand-Père Sept-Heures
Marius Barbeau

39. *Le Cœur sur la braise***
Michel Noël

40. *Série grise***
Laurent Chabin

41. *Nous reviendrons en Acadie !**
Andrée-Paule Mignot

42. *La Revanche de Jordan**
Maryse Rouy

43. *Le Secret de Marie-Victoire**
Josée Ouimet

44. *Partie double***
Laurent Chabin

45/46. *Crime à Haverstock***
Norah McClintock

47/48. *Alexis, fils de Raphaël***
Marie-Célie Agnant

49. *La Treizième Carte**
Karmen Prud'homme

50. *15, rue des Embuscades**
Claudie Stanké et Daniel M. Vincent

51. *Tiyi, princesse d'Égypte***
Magda Tadros

52. *La Valise du mort***
Laurent Chabin

53. *L'Enquête de Nesbitt**
Jacinthe Gaulin

54. *Le Carrousel pourpre***
Frédérick Durand

55/56. *Hiver indien***
Michel Noël

* Lecture facile

** Lecture intermédiaire